NOTES DE VOYAGE

1883

TIRÉ A CENT EXEMPLAIRES

Dont dix sur papier de Hollande.

ÉLIE CABROL

NOTES DE VOYAGE

1883

NAPLES — ROME

FLORENCE — BOLOGNE — VENISE

MILAN — TURIN

PARIS

IMPRIMERIE JOUAUST ET SIGAUX

Rue Saint-Honoré, 338

M DCCC LXXXIV

A ceux d'entre vous, mes amis, qui ayant lu ces notes manuscrites m'avez, en quelque sorte, imposé l'obligation de les imprimer.

« Lorsqu'on entreprend un voyage à travers « les monuments et les écoles de l'Art italien, « — m'avez-vous dit bien des fois, — on est « arrêté par l'absence d'un guide élémentaire « traçant seulement les grandes lignes...

« Vous avez vu, et bien vu, tout ce qu'il y a « réellement à voir, et ces notes constituent ce « guide d'un genre inconnu... »

Le compliment est flatteur ; je m'incline.

Mais si, sous la forme plus solennelle du livre, vous n'y retrouvez pas l'impression première, ne vous en prenez qu'à vous.

E. C.

NOTES DE VOYAGE

NAPLES

Parti de Paris le 27 mars, je trouve le lendemain matin à Marseille un tel mistral que la sortie du port est impossible. Passé une partie de l'après-midi au Musée. La *Judith* de Regnault, — qui a failli m'appartenir ! — perd en vieillissant, elle noircit. Vu avec intérêt le tableau de mon jeune compatriote Bompard, — *Un Début à l'atelier :* — il y fait bonne figure.

Dans la nuit le mistral cesse brusquement. Le lendemain, 29, à midi, départ pour Naples à bord de l'*Alphée*, vieux bateau des Messageries maritimes, médiocre marcheur, mais fraîchement repeint. C'est toujours ça. Peu de passagers; j'ai une cabine pour moi seul. Mer calme, traversée excellente.

Le 30, au matin, nous longeons la Corse. Vers neuf heures nous sommes en face des bouches de Bonifacio, la Sardaigne à notre droite. Le capitaine me laisse monter avec lui sur la passerelle pour voir le détroit. C'est intéressant. Il est dix heures lorsque nous passons entre la roche, aujourd'hui balisée, où l'on suppose que la *Sémillante* s'est perdue corps et biens en 1854, et la petite île où reposent les corps des naufragés. On distingue très bien le monument qu'on leur a élevé. Le passage n'a pas plus de 1,200 mètres : c'est peu. Par une nuit sans lune et avec gros temps, il y a danger à s'aventurer là. A gauche, la petite île de Bonifacio.

A la sortie du détroit, la côte de Sardaigne est bordée de rochers et de petites îles, et parmi elles Caprera, où Garibaldi a vécu ses derniers jours. Nous nous en approchons. Ilot désert et d'aspect désolé. Singulière retraite qu'avait choisie le célèbre fantoche ! Le fait d'un fou plutôt que d'un sage.

SAMEDI 31 MARS. — Le 31, par un temps superbe, nous sommes en face d'Ischia.

Il est six heures du matin. Bientôt nous entrons dans le golfe. A droite, Capri, Massa, Sorrente,

Castellamare, le Vésuve ; à gauche, Ischia, Castello d'Ischia et successivement Procida, Nisida, le cap Misène au loin, et dans le fond Naples, alors en vue.

Je reconnais toutes ces îles et ces belles plages que j'ai tant parcourues... voilà bien des années !

L'ancre est jetée à neuf heures. Nous sommes devant la Santé. En attendant le permis de débarquer, des canots remplis de chanteurs et de musiciens tournent autour du bateau. On nous montre un premier violon qui est aveugle ; il y a presque toujours un aveugle dans ces orchestres. Il me rappelle celui qui faisait partie des musiciens que nous amenâmes à notre suite autrefois... Puis arrivent les plongeurs. Quels gaillards ! De vrais marsouins. La menue monnaie qu'on leur lance n'a pas plus tôt disparu sous l'eau qu'ils l'ont happée. C'est le mot.

A une encablure, un grand transport anglais chargé d'émigrants italiens à destination de je ne sais quelle Amérique du Sud : la Plata, je crois. J'apprends que l'émigration se fait sur une grande échelle en Italie. La misère !

Le permis de débarquer arrive ; je suis bientôt à terre. La douane est méticuleuse et fort chère au sujet du tabac.

Descendu à l'hôtel royal des Étrangers, en face

du château de l'Œuf, sur le nouveau quai de Chiatamone. Une assez bonne chambre au troisième ; belle vue sur le Pausilippe. Quel changement ! Du château de l'Œuf jusqu'à Mergellina s'étendent d'immenses quais. C'est sur cet emplacement conquis sur la mer que l'on a bâti tout un nouveau quartier. La villa *Reale,* aujourd'hui *Nazionale,* est plus que doublée ; l'entrée, qui donne sur une vaste place, a tout à fait grand air. Et sur les nouveaux terrains compris entre la villa, d'une part, et le Pausilippe et Mergellina, de l'autre, s'élèvent de vastes constructions et des villas.

Il faut le reconnaître, cet ensemble est superbe. Il peut se faire que ces nouveaux quartiers laissent à désirer pendant quelque temps au point de vue de la salubrité. Bâtis sur des terrains rapportés et sur le fond même de la mer, des exhalaisons malsaines sont à redouter.

Je cours au Musée. Revu avec joie tout ce que je connaissais. Je m'attache surtout aux nouvelles trouvailles faites à Pompéi. J'abrège ma visite, je reverrai tout cela. Revenu par la rue de Tolède, aujourd'hui *via di Roma.* Même animation, même entrain, même pittoresque. Et le café de l'Europe et la place du Palais, l'hôtel de Russie, surtout l'hôtel de Russie et Santa Lucia !... plus de coricolos par exemple, mais des tramways partout, enfin toute cette partie de la ville que nous remplîmes jadis de tant de bruit, de folie, de jeunesse...

Dîner à l'hôtel, je sors ensuite, et je parcours de nouveau ces mêmes quais et la place et la rue de Tolède. C'est incroyable comme certains faits oubliés renaissent subitement, font revivre un instant le passé... Que de souvenirs! J'en souris d'abord, mais ça finit par m'attrister. Seul, je reviens seul, et je survis à tant de choses!... je me fais l'effet d'un revenant, je rentre.

DIMANCHE 1er AVRIL. — Je passe la journée à errer à l'aventure. Vu, strada Vittoria, un panorama assez médiocre : le dernier jour de Pompéi. L'épidémie des panoramas sévit aussi à Naples. Resté de longues heures, par un temps charmant, à la villa Nazionale et à la rivière de Chiaia. Assez d'animation et de beau monde, beaucoup d'officiers se pavanant. Musique militaire franchement mauvaise. Un certain nombre de collèges et de pensions y conduisent leurs élèves. Ces jeunes gens se rangent autour du kiosque. Leur tenue est parfaite, leurs uniformes variés sont très bien, d'aucuns même très élégants : un gris surtout avec le sabre baïonnette, quelque école de cadets sans doute. Pas de comparaison à établir avec nos malheureux potaches, elle serait trop à leur désavantage. Et il en est de même dans toute l'Italie !

Visité un aquarium, le plus grand et le plus intéressant qui existe.

Le soir, par une nuit étoilée, promenade sur la place, la via di Roma, etc., etc...

LUNDI 2. — Pris à neuf heures du matin un des bateaux qui vont à Capri. Touché d'abord à Sorrente pour prendre ou laisser des passagers ; arrivé à onze heures à la marina de Capri. Je la reconnais, bien que des changements importants aient été faits. Une route carrossable monte aujourd'hui jusqu'au village de Capri. Il ne sera pas possible de visiter la grotte d'azur, la brise qui s'est levée en rend l'accès impossible. C'est un regret.

En abordant, je suis assailli par des ânières et des marchandes de coraux. Je choisis un âne, l'ânière est jeune. Il m'est impossible de ne pas acheter quelques objets de corail. Une de ces marchandes est charmante : la Maria. Elle excite évidemment la jalousie des autres. Elle est proprement habillée : un reste de l'ancien costume. Plus je vais, plus je retrouve mon Italien. Je déjeune rapidement à l'auberge du *Louvre*, j'enfourche mon âne et je monte jusqu'à Capri.

Situation pittoresque, panorama admirable sur le golfe ; au fond, le Vésuve avec son panache que le vent secoue.

Capri, village pauvre, malpropre, rues très étroites ; par-ci par-là de belles échappées de vue. Mon ânière, tout en jabotant comme une pie, me conduit sur l'autre versant de l'île à *una bella vista*. Elle affirme que je suis de Milan ; elle le reconnaît à mon accent. Nous sommes au-dessus de la petite *marina* enfermée dans une crique profonde ; l'eau y est d'un bleu intense. Elle me montre la caserne qui contient deux compagnies (250 hommes) et des villas construites par des étrangers. Elle me cite plusieurs noms anglais et ceux de deux peintres français qui me sont inconnus. L'un d'eux aurait épousé son modèle : une fille qui travaillait avec nous, me dit-elle. Maintenant elle a de belles robes, elle porte chapeau comme *le donne* et elle nous dédaigne.

Ce côté de l'île, éclairé par le soleil de midi, est véritablement enchanteur.

Dans les jardins bordés de cactus et d'aloès, les

orangers et les citronniers sont chargés de fleurs et de fruits. C'est l'éclosion du printemps.

Le feuillage sombre des oliviers disséminés par touffes dans les champs est moins plaisant à l'œil. Au large, à un mille, quelques barques de pêcheurs de corail. Là sont les bancs importants. Le père de mon ânière est dans une de ces barques.

Les heures que je passe sous ce beau ciel et sur les cimes de cette île s'écoulent rapidement.

Redescendu à la marina, je retrouve la belle Maria. Elle me guettait. La fine mouche m'oblige à lui acheter encore plusieurs petites croix. Puis elle me baise la main et me souhaite un *buon viaggio*. Nous partons ; je l'aperçois de loin, debout sur la plage, me saluant du geste. Nous repassons devant Sorrente et nous rentrons à Naples. Il vente frais. Il est six heures.

Je trouve à l'hôtel une lettre de B... m'annonçant son arrivée pour minuit.

———

MARDI 3. — B... est un flâneur. Il ne me suivra pas souvent pendant le peu de temps que nous allons être ensemble. Je lui déclare que je vais aujourd'hui même au Vésuve ; il réfléchit et se décide à m'accompagner. A dix heures et demie nous partons; notre voiture nous conduira jusqu'à la station du chemin de fer funiculaire, à la base même du cône.

Temps charmant, ciel légèrement couvert, atmosphère un peu brumeuse. C'est un voile vaporeux qui couvrira toute la journée Naples, les îles et le golfe.

Du Vésuve s'élève un immense panache de vapeurs.

Cette ascension du Vésuve se fait aujourd'hui avec la plus grande facilité. Après avoir traversé les faubourgs de Naples, Portici, Resina, on arrive en trois heures et demie, par une bonne route qui passe par l'Observatoire, à la station du chemin funiculaire, inauguré en 1880 (altitude 800 mètres).

Très curieux et très hardi, ce chemin de fer. Plan incliné qui monte suivant une ligne absolument droite le long du cône. Deux voies à un seul rail; le wagon, contenant huit personnes, est à cheval sur cet unique rail. Un homme à l'avant prêt à faire mordre des griffes qui entreraient dans la longuerine qui supporte le rail, en cas de rupture des câbles.

Toutes les précautions paraissent bien prises.

L'inclinaison varie entre 50 et 63 centimètres

par mètre. En dix minutes on atteint le point d'arrivée (altitude 400 mètres). On monte donc à une vitesse d'environ 40 mètres par minute.

Il va de soi que le wagon qui descend fait contrepoids au wagon qui monte ; la machine, placée au bas du plan incliné, n'a guère à vaincre que les frottements.

Sensation étrange au moment où l'on part, comparable à celle éprouvée pendant les premières minutes d'une ascension en ballon ; certaines personnes en éprouvent le vertige.

La station supérieure est située un peu au-dessous du sommet.

En quelques minutes on arrive à pied aux bords des cratères par des sentiers bien entretenus et sablés de poussière de lave. On trouve d'abord l'ancien cratère ; il est entièrement rempli de pierres volcaniques, et, par leurs fissures et leurs points de jonction, s'échappent des vapeurs sulfureuses qu'on ne traverse qu'avec peine. Elles vous prennent à la gorge, et on ne respire qu'en tenant son mouchoir fortement pressé sur la bouche. On gagne ainsi le cratère actuel, qui est en pleine activité. Sous les pieds, les roches sont brûlantes. On ne peut en approcher que si l'absence du vent permet aux vapeurs sulfureuses de s'élever directement. C'est le cas aujourd'hui. L'impression ressentie est belle. A des intervalles égaux, de demi-minute en demi-minute, un roulement sourd se fait entendre, puis un sifflement aigu suivi d'une explosion, et une masse plus ou moins grande de pierres, enveloppée dans un nuage fortement.teinté de jaune, est alors projetée.

C'est la respiration régulière du volcan. Les pierres retombent devant nous sur les bords du cratère. J'en fais ramasser plusieurs qu'on emporte brûlantes dans des journaux.

A la base du cône, un courant de lave s'est fait une trouée depuis treize mois et coule dans la direction de Pompéi.

La descente en chemin de fer est peut-être plus saisissante que l'ascension.

Au retour, revu Herculanum enfoui sous la petite ville de Resina. Les laves aqueuses qui la recouvrent, et qui ont formé une sorte de tuf, pourraient, à la rigueur, être enlevées, à la condition toutefois de renverser Resina.

Le soir, promenade à pied *via di Roma*. Grande animation.

————

MERCREDI 4. — Les enterrements se font à Naples avec beaucoup de pompe; j'en ai aperçu plusieurs ces jours-ci.

Convoi d'une personne riche ou noble :

En tête, le suisse, puis la croix, suivie d'une longue théorie d'hommes portant des cierges et couverts de cagoules noires; le corbillard traîné par six chevaux caparaçonnés. Les caparaçons des chevaux rehaussés de lourdes broderies d'or; le corbillard chargé de riches ornements de cuivre doré se détachant en bosse sur le fond verni en noir et très luisant; le cercueil à découvert sur le corbillard; aux angles, quatre moines accroupis plutôt qu'assis sous leurs cagoules, un livre ouvert sur les genoux, un cierge à la main. Effet sinistre et imposant. Comme chez nous, la famille suivant à pied, puis les voitures. Les passants se découvrent devant la croix, et rarement devant le cercueil.

Convoi de jeune homme : même théorie de cagoules noires, avec cette différence que ce jour-là il y en avait de blanches et de brunes. Autant de congrégations diverses, je suppose. Le cercueil, posé sur une plate-forme, était porté sur les épaules de personnes toujours en cagoules; mais, cette fois, le cercueil avait été recouvert d'un immense drap mortuaire en velours noir, surchargé d'énormes broderies d'or, sous lequel disparaissait la plate-forme, et qui tombait jusqu'à terre en enveloppant à demi les porteurs.

Beaucoup de caractère.

Aperçu également le convoi d'un enfant.

Le cercueil était, cette fois, enfermé dans un corbillard de forme cubique entièrement couvert de cuivre doré, goût douteux. Au premier abord, il s'en faut que l'on prenne pour un char funèbre cette étrange voiture.

Longue visite au Musée. Dans le grand vestibule d'entrée, à droite, les nombreuses fresques de Pompéi, — plus de 1,600, — exécutées en détrempe et à l'encaustique.

PREMIÈRE SALLE. — Perpectives, décorations de salle à manger provenant en grande partie de la maison de Diomède.

Dans les salles suivantes, sujets de toute sorte : fruits, animaux, natures mortes, Satyres, Bacchantes, les Grâces, *Noces de Zéphire*, *Vénus et les Amours*, les *Danseuses de Pompéi*, la *Marchande d'amours*, *Briséis enlevée à Achille*, un des plus beaux spécimens de peinture antique, etc., etc...

Peu antérieures à l'ère chrétienne, on suppose que la plupart de ces peintures étaient des reproductions réduites d'œuvres d'artistes célèbres qui, on le sait, peignaient sur panneaux de bois.

SALLE DES MOSAÏQUES.—Dans le pavé, le *Trium-*

phe de Bacchus, très belle exécution; le *Chien enchaîné*, avec l'inscription : *Cave canen;* contre le mur, le *Génie de Bacchus* sur une panthère. Scènes de comédie, animaux, gibiers, etc...

GALERIE DES INSCRIPTIONS. — Plus de 2,000 inscriptions sur marbre. Incompétent.

Là, deux œuvres fameuses trouvées dans les thermes de Caracalla, à Rome : le groupe du *Taureau Farnèse* et l'*Hercule Farnèse*.

Le groupe du *Taureau*. Rien n'est plus disgracieux que cet énorme groupe de marbre. Sujet de pendule. La composition en est franchement absurde. On aimerait assez à voir un cadran sur le socle. Si, à l'origine, il fut d'Apollonius et de Tauriscus, sculpteurs rhodiens, on constate qu'après des restaurations successives et d'aucunes fort malencontreuses, il ne reste aujourd'hui que peu de chose de l'œuvre première.

L'*Hercule Farnèse*, par Glycon d'Athènes; s'il n'est pas un incontestable chef-d'œuvre placé en face de cet ennuyeux groupe du *Taureau*, il contraste heureusement.

Au-dessous de cette galerie, les deux salles des antiquités égyptiennes. Collection modeste. Cependant quelques objets curieux : momies, vases, amulettes, figurines, miroirs,... sandales de prêtres égyptiens, un papyrus fameux avec caractères grecs contenant les noms des ouvriers employés aux travaux du Nil.

Les Bronzes : Ici, au rez-de-chaussée, la galerie artistique, les bustes et les statues. Au premier étage, la galerie plus industrielle connue sous le nom de *Petits Bronzes*.

La plupart des statues de cette galerie proviennent d'Herculanum et de Pompéi. On les distingue facilement : celles d'Herculanum sont d'un vert noirâtre, celles de Pompéi d'un vert de gris bleu clair.

Dans la première salle, un des quatre chevaux du quadrige de Néron : tête colossale de cheval; divers groupes d'animaux. Dans une vitrine, collection de petits animaux.

Deuxième salle. — Statuettes : *Bacchus et Ampelos; Amazone; Alexandre le Grand*, statuette équestre; *Vénus à sa toilette; Pêcheur à la ligne; Faune dansant*, très remarquable ; *Narcisse*, d'une élégance extrême; le *Faune vidant une outre*, plus récemment découverte.

Salles suivantes, bustes et statues. Parmi les bustes, *Sénèque* et *Scipion l'Africain*, ou du moins supposé tel. Superbes tous les deux.

Parmi les statues, le *Faune ivre*, merveille de l'art grec; le *Mercure au repos* et le *Faune dormant*, tout aussi admirables.

Deux groupes de trois danseuses, la statue équestre de Néron, et enfin, dans les armoires, une collection d'armes et d'armures grecques, romaines, italiques, du plus haut intérêt. C'est à regret que l'on s'éloigne de ces salles.

LES MARBRES : Collection importante. Bustes, statues, personnages romains, empereurs, divinités, hermès, bas-reliefs, vases, sarcophages, cippes, candélabres, etc..., en tout plus de quinze cents sculptures.

Les bustes, très nombreux : *Faustine*, femme d'Antonin; *Jules César,* tête colossale, un de ses plus beaux bustes; *Vespasien*, colossal également; *Adrien,* très beau ; *Junon,* etc...

STATUES : Nombreuses *Vénus* sous toutes les formes; *Livie,* la tête d'un caractère si moderne ; *Ganymède et l'aigle ; Cupidon,* d'après Praxitèle ; *Pan et Apollon,* autrefois au musée secret, un léger voile en a rendu possible l'exposition publique; *Amazone tombant de cheval ; Mercure tenant une bourse ; Mars au repos...*

Dans la salle de Flore : adossée au mur, *Vénus drapée* ou Flora. Statue colossale attribuée à Praxitèle, trouvée dans les thermes de Caracalla. Devant elle, dans le pavé, la grande et célèbre mosaïque de la *bataille d'Issus.* On a calculé qu'entière cette mosaïque devait être formée de plus d'un million de petits morceaux de pierres de couleurs.

Les statues équestres des deux Balbus, père et fils, préteurs et proconsuls, — visages de braves gens, — trouvées à droite et à gauche de la scène du théâtre d'Herculanum, œuvres précieuses, car ce sont les deux seules statues équestres en marbre qui nous viennent de l'antiquité.

Arrivons aux merveilles de cette collection. Il n'est pas possible de les plus mal loger. Galerie étroite, sans recul; jour cru et faux, tombant de haut; murs blancs, peints à la chaux, et vulgaire pavé de briques disjointes... Un temple pour ces chefs-d'œuvre, s'il vous plaît!

Junon Farnèse, belle tête. Bustes de *Caracalla,* d'*Antonin,* de *Faustine,* si connus; celui d'*Homère,* très beau.

Harmodius et Aristogiton, groupe; *Amazone mourante;* la belle statue d'*Eschine; Antinoüs,* si calme, marbre grec; *Adonis,* un peu maniéré; la célèbre *Agrippine assise,* supérieure peut-être à celle du Capitole; *Gaulois mourant.*

La *Vénus victorieuse* de Capoue, marbre grec. Grande analogie avec la *Vénus de Milo.* Les bras ont été rapportés.

La *Vénus callipyge,* marbre grec, autrefois au musée secret. Pourquoi? Main et jambe droites, poitrine et tête restaurées. Mais quels contours!

Faune portant Bacchus enfant sur l'épaule,
marbre grec. Groupe charmant plein de vie. Cependant d'une grâce un peu molle.

Néréide sur un monstre marin, marbre grec.
Doryphore de Polyclète, l'auteur des *Canéphores,*
de la *Junon chryséléphantine,* perdues malheureusement comme ces autres divins chefs-d'œuvre de
Phidias : la *Pallas Parthénos,* le *Jupiter Olympien,* etc..., qui enthousiasmèrent l'antiquité.

C'est peut-être ce *Doryphore* qui mérita l'honneur d'être appelé le *Canon.*

Le torse de *Psyché.* Le haut du crâne et le torse
sont, hélas! dégradés. Mais le masque! Une des
œuvres les plus exquises de l'art grec.

Le torse de *Bacchus.* On l'a attribué à Phidias.
Il peut marcher de pair avec celui du Belvédère.

Le groupe d'*Électre et Oreste,* marbre archaïque. Est-il rien de plus vrai, de plus nature,
comme on dit aujourd'hui, et surtout d'une plus
grande simplicité de style?

ENTRESOL. — OBJETS DE LA RENAISSANCE : Grand
tabernacle en bronze dont le dessin est attribué à
Michel-Ange [1]. Dans des vitrines, faïences, armes...

VERRES ANTIQUES : Collection très importante. La

---

1. Ce tabernacle est maintenant au premier étage.

pièce capitale : une amphore de verre bleu, avec couverte d'émail blanc ; sur le fond se détachent des bas-reliefs charmants. Trouvée à Pompéi.

TERRES CUITES : Très importante collection. Poteries de ménage, amphores, vases, lampes, petits animaux, coupes, statuettes, masques, moules, etc...

ANTIQUITÉS DE CUMES : Vases, miroirs, coffrets, petits bronzes, et surtout un masque en cire avec les yeux en cristal.

PREMIER ÉTAGE. — CABINET DES OBJETS PRÉCIEUX : Importante collection d'objets d'or et d'argent, la plupart antiques. Dans des vitrines, camées et entailles. La célèbre *Tazza Farnèse* en sardoine orientale. Unique comme grandeur et perfection de travail. Bourse trouvée dans la main d'un squelette à Pompéi. Bijoux de femme riche, etc.

LE MUSÉE SECRET. Aujourd'hui ouvert à tous.

COLLECTION DES MÉDAILLES : Très importante. Très peu au courant.

COLLECTION SANT' ANGELO : Vases, coupes, terres cuites.

LES MONNAIES : La plus riche collection de l'Italie. — Incompétent.

SALLES DES COMESTIBLES : Fruits, légumes, coquillages à demi carbonisés, trouvés à Pompéi, et l'amas de cendres durcies qui conservent l'em-

preinte du sein et des épaules d'une jeune femme.
A côté, un crâne. Le sien, peut-être!

La Bibliothèque : 200,000 vol., 10,000 manuscrits.

Salle des Papyrus : Il est intéressant de les voir
dérouler et déchiffrer.

Vases italo-grecs : Collection unique et très
importante. On y suit les progrès de l'art antique,
depuis le style égyptien raide et lourd jusqu'à la
belle époque grecque. Les plus beaux spécimens :
le vase des *Bacchantes;* celui du *Combat des
Amazones et des Grecs;* la *Chute de Troie;* le
grand vase si curieux trouvé à Canosa, représentant *Darius et les Satrapes.* Costumes grecs et
orientaux, etc., etc...

La Galerie de Tableaux. — Je m'arrête peu devant cet assemblage de tableaux d'ordre secondaire,
où toutes les écoles italiennes, allemandes, hol-
landaises sont modestement représentées.

Je citerai cependant une œuvre remarquable de
Solario (le Zingaro) : *la Vierge sur un trône et des
saints.* Un curieux tableau de Garguillo : *la Révolution de Naples en 1647. Masaniello excite le
peuple.* Des peintures byzantines dans un piètre
état de conservation.

Au milieu d'une de ces salles, une énorme armoire du XVIe siècle, avec incrustations en ivoire,

en ambre, en verre, renfermant des cassettes, des objets de diverses époques, etc., etc...

Contre le mur, une autre armoire où est exposée la vaisselle du cardinal Borgia, à fond bleu, émaillée d'or. Près de la fenêtre, la cassette Farnèse en argent doré et ornée de gros camées.

J'ai hâte d'arriver aux œuvres maîtresses de cette galerie ; elles sont dans les dernières salles.

Claude Lorrain : *Marine, Coucher du soleil.*

Canaletto : *Vues de Venise.*

Tintoret : *La Vierge entourée de chérubins.*

Palma le Vieux : *La Vierge et des saints.*

Le Bassan : Un de ses meilleurs tableaux : *la Résurrection de Lazare.*

Dominiquin : *Ange gardien,* etc., etc...

Corrège : *La Zingarella* ou *Madonna del Coniglio* (lapin) et *le Mariage mystique de sainte Catherine.* Tableaux vantés, trop vantés peut-être !

Titien : *Portrait de Paul III,* mauvais ; *Madeleine,* couleur agréable, dessin par trop sommaire ; *Portrait de Philippe II,* décoloré par le temps ; enfin, sa *Danaé,* souvent reproduite par la gravure. Elle a été si parfaitement repeinte qu'on se demande si le maître reconnaîtrait son œuvre.

Memling : *Crucifiement* (triptyque).

Jean Bellin : *Transfiguration.*

Van Eyck : *Saint Jérôme arrachant une épine de la patte d'un lion.*

Lucas Cranach : *Adoration des Mages*, triptyque.

Albert Dürer : *Nativité.*

Bernardino Luini : *La Vierge et l'enfant Jésus,* très remarquable.

Jules Romain : Une œuvre capitale : *la Madonna della Gatta* (chatte). Malheureusement poussée au noir dans les ombres.

Raphaël : *Portrait du chevalier Tibaldeo, Portrait du cardinal Passerini, Sainte Famille del divino amore,* une de ses meilleures ; quant au *Portrait de Léon X,* entouré des cardinaux de Rossi et Médicis, sans conteste une copie.

Ribera : Plusieurs toiles : *Saint Jérôme* et surtout *Silène,* œuvre audacieuse, pleine de force et de fougue... et quelle pâte ! Ribera triomphe ici...

Dans la Salle des Estampes, dessins et esquisses attribués à Michel-Ange, Raphaël, etc. A droite et à gauche de la porte, deux bustes en marbre, *Portraits de Paul III.* Beaux tous deux. Celui de gauche, en entrant, serait de Michel-Ange.

Dans le fond, *buste en bronze de Dante.*

A l'autre extrémité du palais, la collection des *Petits Bronzes.*

Ils se chiffrent par milliers et les découvertes

nouvelles en augmentent constamment le nombre : lits, fauteuils, chaises, objets de toilette, lampes, patères, vases, candélabres, trépieds, instruments de chirurgie, ustensiles de cuisine, balances, poids et mesures, coffres-forts, billets de théâtre, etc...; les habitudes et les coutumes les plus intimes des anciens nous sont révélées par l'examen de tous ces objets. Que de détails curieux et piquants!

A citer : des trépieds richement ciselés, des chaudières, sortes de cuisines économiques, triclinium formé par trois lits de table à trois places, un siège d'honneur, de beaux candélabres, etc.

Tout, jusqu'aux instruments de chirurgie et aux ustensiles de cuisine, revêt un cachet artistique.

Au milieu d'une salle, le plan en relief de Pompéi avec l'état actuel des fouilles. Je trouve B... en arrêt devant ce plan. Je lui propose de me suivre à Capo di Monte. Il accepte.

Capo di Monte, ancienne villa des rois de Naples, commencée en 1738 par Charles III, terminée seulement en 1834. Grand bâtiment rectangulaire assez important; les cours intérieures, les porches élevés, ont grand air. Assez bel escalier de marbre; appartements vastes; toujours cette même détestable décoration italienne.

Les murs couverts de tableaux modernes. Épi-

sodes d'histoire ancienne de l'école de David et
sujets de toute sorte de peintres italiens. Portraits
des Napoléon, Murat, etc., etc... Rien de bien.
Ensemble insupportable.

Une salle de biscuits et de porcelaines, un petit
salon garni de porcelaines genre Saxe ; le tout de
la fabrique de *Capo di Monte*.

Du parc, assez bien tenu, une vue admirable.
A nos pieds, Naples ; à droite, le fort Saint-Elme,
le couvent de *San Martino*; au loin, à gauche,
le Vésuve; en face, le golfe.

Descendus par le *Corso Vittorio Emanuele*
jusqu'au *Pausilippe*. Tout le long de ce boule-
vard, sorte de corniche au-dessus des monuments
de la ville, on a à chaque instant des points de
vue charmants. Là, de nouveaux et excellents hôtels : hôtel de Bristol, etc., etc.

Rentrés par la rivière de *Chiaia*.

Promeneurs élégants, équipages nombreux.

Les Champs-Élysées n'offrent pas, un beau jour
de Bois, plus d'animation.

Naples est peuplé d'un tas de petits orchestres
et de chanteurs ambulants. Les premiers jours,
c'est gai ; mais, à la longue, ces perpétuelles au-
bades ou sérénades sous les balcons finissent par
devenir insupportables. Fausse couleur locale.

JEUDI 5. Visite à Pompéi. — A dix heures et demie, je pars avec B... par le chemin de fer. Une heure environ de trajet. L'auberge où nous déjeunons rapidement, située à peu de distance de la gare, est adossée à Pompéi, et c'est par cette auberge que l'on pénètre dans la ville. Entrer dans Pompéi de la sorte, c'est au moins bizarre! La *Porta marina,* que l'on franchit, est prise dans l'épaisseur de la double muraille qui entoure la ville. Haute de sept à dix mètres, et offrant un terre-plein assez large pour donner passage en certains endroits à trois chars de front, elle présente un développement parfaitement défini de plusieurs kilomètres A droite est un petit musée bien installé. On y voit des poteries, des bronzes de peu d'importance, des ustensiles, des comestibles carbonisés, des empreintes d'étoffes et surtout des moulages obtenus par le plâtre liquide versé dans des cavités formées par les cendres autour des cadavres. Par cet ingénieux procédé, on a reproduit d'une façon presque rigoureuse les traits et les formes de ces malheureux, hommes et femmes. Leur triste agonie revit aux yeux. Les contorsions du cadavre d'un pauvre chien sont particulièrement saisissantes.

Autrefois on entrait dans la ville par *la via Domitiana;* on trouvait d'abord à droite la maison de Diomède, une des plus vastes et des plus riches habitations connues, offrant le rare exemple d'une maison à trois étages. Il est probable que le long de cette voie et dans les environs se trouvaient encore d'autres villas suburbaines.

Après la maison de Diomède commence la rue des Tombeaux, aboutissant à la porte d'Herculanum. C'est, selon nous, la seule voie que l'on devrait prendre lorsqu'on vient à Pompéi pour la première fois.

A gauche, le tombeau de la famille Arius Diomède, magistrat; les tombeaux de Gratus, de Salvius et de Servilia, etc., etc.

Au carrefour, un tombeau souterrain, remarquable par sa porte en marbre, montée sur pivots de bronze. En avant, un monument que l'on croit être un *ustrinum,* lieu où l'on brûlait les corps. En arrière, un grand bâtiment que l'on suppose avoir été une hôtellerie; à côté, une fabrique de poteries.

Le *Xyste,* portique couvert, où, pendant l'hiver, s'exerçaient les athlètes. La villa de Cicéron, aujourd'hui recouverte, fausse dénomination.

A droite, les monuments sont mieux conservés et offrent plus d'intérêt.

Triclinium, où se célébrait le repas funèbre

nommé *silicernium*. Entouré de trois côtés d'un mur décoré d'arabesques.

Tombeau important de *Nævoleia Tyche*, élevé pour elle et son mari, le magistrat Munatius. Le *bisellium*, ou siège d'honneur, lui avait été décerné par les décurions. Inscriptions et bas-reliefs intéressants. Tombeau de Calventius, d'un beau style. On y voit aussi le *bisellium*.

Tombeau rond, élevé sur une base carrée. Bas-relief curieux : une jeune femme couvre d'un filet un squelette d'enfant.

Tombeau d'Aulus Umbricius. Bas-relief représentant des combats de gladiateurs.

Tombeau de Porcius et celui de sa fille, la prêtresse Mamia. Vaste banc semi-circulaire.

A côté, un autre hémicycle avec exèdre, ou siège circulaire, abrité sous une voûte, servant de lieu de repos au voyageur à la porte de la ville.

Auprès de la porte d'Herculanum, une niche voûtée, désignée sous le nom de guérite. On y a trouvé le squelette du soldat de garde, une main sur sa bouche, l'autre sur sa lance. Esclave de la consigne, il mourut à son poste.

Enfin, la porte d'Herculanum, consistant en trois arcades bâties en briques et en lave. Les deux arcades latérales servaient aux piétons. A l'extérieur, la porte se fermait par une herse suspendue à des chaines descendant dans des rainures encore visibles, à la manière des donjons du moyen âge. A l'intérieur se trouvait aussi une seconde porte. Une ouverture permettait de lancer des projectiles sur les assaillants qui se laissaient enfermer dans ce couloir. Toute la construction était recouverte d'un stuc blanc, sur lequel on a retrouvé des annonces de combat de gladiateurs en lettres rouges.

Et c'est cette belle avenue des Tombeaux, qui préparait si bien à la visite de Pompéi, qu'on laisse de côté aujourd'hui, pour monter par un étroit escalier, situé dans l'arrière-salle d'une auberge, à la *Porta marina!*

Au dedans de la porte d'Herculanum sont des rampes qui mènent sur les remparts. Nous y montons.

On y découvre une partie de la ville mise au jour. On a devant soi la rue d'Herculanum; mais tout cet ensemble de maisons sans toits et de portiques ruinés, vu à cette distance, est assez monotone.

L'intérêt est plus loin et plus haut.

Derrière nous, le Vésuve; à gauche, la ville ensevelie qui se confond au loin avec la plaine; à droite, le golfe. La déclivité du sol indique clairement la ligne du rivage que la mer venait battre avant l'éruption. En face, découpant l'azur, les monts Cereto, Sant' Angelo, Cepparica, points culminants de cette chaîne à laquelle sont adossés d'un côté Amalfi, et de l'autre Sorrente et Cástellamare, etc., rives enchantées, s'il en fut.

Ce n'est donc qu'en examinant de fort près et en détail chaque monument de la ville que l'intérêt s'accroît. Il n'entre pas dans le cadre que je me suis tracé de la décrire.

Mais, admirablement conduits par notre guide, nous parcourons pendant de longues heures les forums, les temples, les basiliques, les cirques, les théâtres, les bains, les casernes, les demeures riches ou pauvres, les magasins et les boutiques. Les coutumes et les usages des anciens se lisent partout, et c'est facilement que l'on pénètre dans tous les détails de leur vie publique, religieuse, civile, judiciaire, littéraire, privée... et galante.

Nous assistons un moment aux fouilles qui se poursuivent sans cesse; j'achète aux gardiens un assez bel album de photographies, et nous rentrons à Naples assez fatigués.

Le soir, je vais seul à San Carlo. Cette énorme salle, aussi énorme qu'insignifiante, me rendrait presque indulgent pour la folie de M. Garnier.

On donnait *l'Africaine*. Mise en scène nulle; costumes... à l'italienne. Tout cela est puéril. Orchestre, chœurs insuffisants, exécution mauvaise.

Quant au ténor Gayarre, un Rubini, disait-on, très au-dessous de sa réputation. Inférieur à Naudin, le créateur du rôle. Mauvais acteur, il possède une voix d'une grande étendue qu'il surmène parfois et d'un timbre qui n'est pas toujours sympathique. Il fera bien de ne pas se risquer au Grand-Opéra de Paris. Sur une scène secondaire, il pourrait avoir du succès.

VENDREDI 6. — Matinée passée à écrire : long courrier. Sorti après déjeuner, couru quelques marchands.

A une heure, monté en voiture au couvent des chartreux de *San Martino,* englobé dans le fort *Sant'Elmo ,* aujourd'hui prison militaire. Le couvent, construction massive.

Dans la première cour, le musée Bonghi. Tableaux modernes à éviter. Cependant quelques majoliques, des verres de Murano et de Venise..., et encore des biscuits de *Capo di Monte.* Galère dorée et voiture de gala de Charles III, et une figure d'un dominicain célèbre, paraît-il, exposée sous un jour dioramique, pour la plus grande joie des badauds.

Les chartreux sont dispersés ; il n'en reste que

cinq aujourd'hui, et encore habitent-ils la partie
supérieure du couvent où ils ont une petite chapelle. Le couvent proprement dit est donc vide,
et l'on ne célèbre plus aucun office, en ce moment,
dans la chapelle.

La somptuosité de cette chapelle est sans égale.
Rien de moins religieux dans le sens élevé du mot.
Les mosaïques de marbre du pavé, les mosaïques
de marbre des murs, les incrustations de pierres
précieuses, la richesse des autels, les grilles dorées,
les bronzes, les tableaux du chœur ou des tympans, les fresques des voûtes, etc., etc..., débauche
de richesse où l'œil ne trouve ni charme ni repos.
Quel couvent!... Même impression reçue qu'autrefois.

Au-dessus de la porte d'entrée, la superbe *Des-*
cente de croix de Stanzioni, que Ribera abîma
méchamment par un lavage corrosif.

Ribera, Lucas Giordano, les fils de Véronèse,
Guido Reni, Michel-Ange de Caravage, Carac-
ciolo, Lanfranc, le chevalier d'Arpin, ont contribué à l'ornementation de cette étonnante petite
église.

La salle du chapitre, la sacristie, la salle du trésor, sont aussi somptueuses, mais plus calmes.

Les mosaïques de marbre et les incrustations
de pierres précieuses sont ici remplacées par des

mosaïques de bois et des boiseries sculptées. Quel
couvent! quel couvent! Même abondance de peintures sur les murs et de fresques aux voûtes. Mais
dans la salle du trésor, une œuvre maîtresse : *la
Déposition de croix,* de Ribera. Elle noircit malheureusement.

De la sacristie on passe dans le grand cloître.
Même luxe, mêmes abus. Murs de marbre blanc,
colonnes, arceaux, pavé de marbre blanc, puits,
margelle, toujours en marbre... On en est aveuglé.
Encore une fois, quel couvent!

Du cloître on entre au Belvédère, — assurément
la plus belle vue de Naples, — situé juste au-dessus
du château de l'Œuf, point de partage des deux
baies. A droite, la *Chiaia* et le *Pausilippe;* à
gauche, *Capo di Monte;* au bas, Naples, Portici,
le Vésuve; en face, Castellamare, Sorrente...; au
loin, les îles.

Vue moins panoramique, mais plus animée que
les autres. Les bruits de la ville, les chansons, les
cris des marchands, arrivent nombreux et dis-
tincts.

En descendant, visité la cathédrale *San Gen-
naro,* Saint-Janvier. Élevée sur l'emplacement
des temples d'Apollon et de Neptune, avec quan-
tité de matériaux, de colonnes et de marbre provenant de ces temples.

A droite, la chapelle fermée par une magnifique grille où s'opère le miracle de la liquéfaction du sang de saint Janvier. J'ai vu ce spectacle autrefois; je n'en dis pas mon sentiment.

Le sang est renfermé dans deux vases qui sont au maître-autel. Là, toute la série des statues d'argent que l'on sort à la procession qui suit le miracle.

Peintures de Ribera et de Dominiquin.

Descendu dans la confession. La voûte, les murs sont revêtus de bas-reliefs des temples de Jupiter, de Junon, de Diane... Œuvres d'art, adorablement profanes, qui ne laissent pas que d'être quelque peu disparates dans ce lieu si parfaitement catholique.

Ici, le corps du saint, sous l'autel; là, devant le tabernacle d'un autre autel, son doigt conservé dans un tube de verre.

Nef de gauche : chapelle Seripandi, *Assomption* par le Pérugin. *Basilica Santa Restituta*. Restes de l'ancienne basilique construite par Hélène, mère de Constantin, en 3oo. Ancien baptistère du IIIe siècle; à la voûte, vieilles mosaïques fort endommagées. Dans la chapelle *Santa Maria*, très ancienne mosaïque en meilleur état.

Rien à dire d'intéressant de l'architecture de Saint-Janvier. Intérieur à trois nefs, peintures quelconques. Fonts baptismaux formés d'un vase antique de basalte vert d'Égypte. Au-dessus de la porte principale, tombeau de Charles Ier, d'Anjou, de Charles Martel, roi de Hongrie, et de sa femme Clémence. 1599.

Nouvelles courses chez les marchands.

Le soir, visité en voiture les quais, la place du Marché, le basso porto. Rien ne peut donner une idée de l'animation de ces quartiers : les marchands en plein vent, les cuisines de macaroni, les chanteurs, etc..., spectacle pittoresque et gai.

———

SAMEDI 7. — Parti à neuf heures et demie avec B... pour Pouzzoles, Baia, le cap Misène. Temps couvert; il bruine légèrement. Plus tard le soleil percera par moments les nuages. La végétation est très en retard cette année; c'est d'autant plus fâcheux que de ce côté les arbres verts et les orangers font un peu défaut. Paysage gris.

A l'extrémité de la *Chiaia, Piedigrotta;* à gauche du *Pausilippe,* les ruines du palais de la reine Jeanne. En face, le tombeau de Virgile, à mi-hauteur; rien de certain. Le président De Brosses n'en déplore pas moins l'abandon dans lequel on le laisse. Au-dessous, la grotte du *Pau-*

silippe, tunnel creusé sous Agrippa, long de plus de 600 mètres. A côté, on vient d'en percer un autre pour le passage d'un tramway à vapeur qui ira jusqu'à Pouzzoles.

Au dehors du tunnel, le village de *Fuori di Grotta,* la vallée de Bagnoli.

C'est avec Virgile, Horace, Cicéron à la main qu'il faut marcher dans cette région. Toutes les gloires du monde romain, Marius, Pompée, etc..., ont passé par là.

Leurs villas peuplaient le pays.

Plus loin, Misène, Baïes, rappellent les noms de Mme de Staël et de Lamartine.

Le lac d'Agnano, sur les bords, la grotte du Chien; la *solfatare,* nous ne la gravissons pas. Nous laissons Cumes.

Pouzzoles. — Arrivés à Pouzzoles par la route qui borde la mer, nous visitons le temple de Sérapis, le temple de Neptune, du moins les colonnes qui émergent de la mer, l'amphithéâtre.

Fort curieux, cet amphithéâtre avec ses aménagements, ses immenses couloirs, ses substructions, ses conduites d'eau pour les naumachies.

L'emplacement de la villa de Cicéron, le môle. Il ne reste plus que 16 piles de ce môle que l'on a longtemps confondu avec le pont de Caligula.

Le *Monte Nuovo* qui, en surgissant subitement en 1538, combla presque entièrement le lac Lucrin, célèbre par ses huîtres tant estimées des Romains.

Lac Averne. — En dix minutes nous gagnons le lac Averne; il occupe le fond d'un ancien cratère. Il est environné de collines plantées de châtaigniers et de vignes. Virgile place ici la scène de la descente d'Énée aux enfers. Sur ses bords, la grotte connue sous le nom d'*Antre de la Sibylle*. Au fond de la grotte, trois chambres, avec des lits de pierre, un large escalier montant au palais dit de Néron.

L'eau du lac ayant envahi ces trois chambres, on n'y pénètre qu'à dos d'homme.

Revenus sur la route, nous trouvons le temple de Diane, sorte d'abside; le temple de Vénus, édifice octogonal en briques, à huit croisées, sur le bord de la mer; toutes ces dénominations sont fausses. Près de là, les restes de Thermes, qui portent le nom de Temple de Mercure; belle rotonde.

Nous avons toutes les peines du monde à nous débarrasser de paysannes qui veulent absolument nous danser la tarentelle.

Il en pullule de ces danseuses dans le pays. Toujours de la fausse couleur locale.

Stufe di Nerone. — Nous poursuivons. Un sentier conduit de la route aux *Stufe di Nerone :* étuves naturelles. Les sources qui coulent dans ces galeries sont à la température de 55°. On y suffoque; le gardien, s'avançant jusqu'au fond, y fait cuire un œuf.

Baïes. — Nous arrivons à Baïes. L'auberge porte le nom d'hôtel Vittoria. Nous déjeunons sur la terrasse : beau point de vue. Encore des danseuses de tarentelle. B... peste contre elles et prend à partie l'aubergiste au sujet de l'addition qui est vraiment trop forte. Sa fureur et son jargon italien m'amusent. Il s'en aperçoit, sa colère se tourne contre moi. Je ne lui soupçonnais pas tant d'impétuosité; je le calme et je l'emmène.

C'est à Baïes que Virgile lut l'*Énéide* à la sœur d'Auguste; que Néron tenta de faire noyer sa mère en pleine mer. Lamartine a longuement chanté Baïes et toutes ces côtes.

Plus loin les Cento Camerelle, appelées aussi les Prisons de Néron ou le Labyrinthe, n'étaient que de vulgaires celliers.

La Piscina Mirabile, vaste réservoir dont la voûte est soutenue par une forêt de piliers, recevait l'eau des aqueducs pour l'usage de la flotte et des nombreuses villas des environs.

Cap Misène. — Enfin le cap Misène, ainsi nommé de Misénus, le trompette d'Énée, dont le tombeau, suivant Virgile, avait été élevé sur ce rocher par le héros troyen.

Mme de Staël y conduit Corinne et Oswald.

Rentrés à Naples avec la nuit.

———

DIMANCHE 8. — Brusque changement de temps. Pluie et vent. La tramontane souffle, mauvais signe. Les vapeurs du Vésuve descendent le long du cône et sont chassées jusqu'à Resina.

La mer est forte ; je vois de mes fenêtres les vagues passer par-dessus les quais. Journée de repos forcé.

Le soir, à San Carlo, la première représentation de *Boccanegra,* de Verdi, revu, corrigé et considérablement augmenté. Œuvre de science, dit-on !... Oui, de cette science si chère aux musicographes, mais prodigieusement ennuyeuse pour de simples dilettanti.

———

LUNDI 9. — Journée déplorable ; pluie incessante. Le musée fermant à quatre heures, il faut rentrer, dans l'impossibilité de faire un pas dehors.

MARDI 10. — Matinée encore très pluvieuse. Il fait froid, temps très anormal pour la saison. Le ciel s'éclaircit un peu dans la journée, mais le baromètre descend toujours. La tramontane souffle de plus en plus, c'est signe certain de mauvais temps, pour la semaine au moins.

Nous renonçons à l'excursion de Pœstum, qui demande deux jours. La soirée n'est pas trop mauvaise ; au Vésuve de sombres lueurs.

ROME

MERCREDI 11. — Départ pour Rome. Température plus clémente; mais Caserte dépassé, la pluie tombe de nouveau à torrents. Les nuages courent bas le long des montagnes; sur les sommets, dont l'altitude ne dépasse pas 800 mètres, de la neige!...

Capoue, le mont Cassin, Ponte-Corvo, Frosinone, Velletri, Albano entrevus par cet affreux temps; à gauche, la route de terre, suivie autrefois en vetturino, les marais Pontins, Terracine, Gaëte, etc.

Le soir, vers neuf heures, arrivés à Rome; vent froid. Descendus à l'hôtel de l'Europe, place d'Espagne. Je suis médiocrement installé.

La place d'Espagne! Je revois mon ancienne demeure! Tous mes souvenirs du passé renaissent... Ils ne me rajeunissent pas... et, tout comme à Naples, j'en suis attristé.

JEUDI 12. — Ce matin, étant à ma toilette, j'entends une musique militaire. Un régiment qui passe ! J'ai toujours aimé le régiment qui passe. Je cours à ma fenêtre. Ce n'est ni une musique militaire, ni un régiment. Un singulier cortège défile devant moi. En tête, des hommes revêtus d'ordres maçonniques, puis des porteurs de bannières avec devises humanitaires, un orchestre d'orphéon,... un corbillard. C'est un enterrement civil !

Singulier réveil dans la ville des papes.

Parmi les transformations de Rome, celle-c était pour moi la plus inattendue. Rome est aujourd'hui la ville des enterrements civils par excellence, et des enterrements faits comme celui-ci, avec la plus brutale ostentation. « Vous en rencontrerez à chaque pas, me dit-on ; il n'y en a plus que comme ça... »

Dans la rue, le passant ne se détourne pas ; il reste indifférent.

Où est le temps des billets de confession ?

Le Vatican. — Je cours au Vatican. La chapelle Sixtine, les *stanze* de Raphaël.

Mêmes impressions. Michel-Ange écrasant Raphaël admirable.

Hélas ! le temps fait impitoyablement son

œuvre ; ces fresques se détériorent de plus en plus.

Je ne dis rien de ces étranges choses où ce malheureux Pie IX s'est fait représenter pour sa glorification personnelle et celle de l'Immaculée Conception.

Vu les loges. Elles sont aujourd'hui protégées par des vitrages; il en est bien temps. D'ici, la vue de Rome est splendide. Le soleil vient justement de percer les nuages ; mais encore de la neige sur les montagnes de la Sabine !

« Elle ne tiendra pas », me dit un custode.

Espérons-le.

Je monte à la galerie des tableaux. Inclinonsnous. La *Transfiguration,* la *Communion de saint Jérôme*, la *Vierge au donataire* (Madonna di Foligno). Le superbe et incomparable trio !

La *Transfiguration*, proclamée le chef-d'œuvre des chefs-d'œuvre de la peinture à l'huile, avait été commandée à Raphaël par le cardinal Jules de Médicis, depuis Clément VII, pour la cathédrale de Narbonne.

Œuvre d'une science extraordinaire, Raphaël mourut avant de l'avoir entièrement terminée.

Jules Romain acheva les parties inférieures, notamment la tête du possédé.

On ne peut se faire une idée exacte de ce que fut ce tableau. La coloration en est aujourd'hui bien uniforme. La disparition totale du clair-obscur primitif en est la cause. On attribue cet accident au noir de fumée dont usait le maître.

La science à part, mes préférences sont pour la *Vierge au donataire.* Cette toile répond mieux à mes sentiments personnels.

L'admirable tableau de la *Communion de saint Jérôme* soulève une question de plagiat. J'en reparlerai lorsque je reverrai à Bologne la *Communion de saint Jérôme,* d'Aug. Carrache, que Dominiquin a incontestablement copiée.

Auprès de ces chefs-d'œuvre, les autres tableaux de la galerie pâlissent singulièrement. A citer :

Raphaël : *Annonciation, Adoration des Mages, Présentation au temple* (Prédelle); œuvre de sa première jeunesse. *La Foi, l'Espérance et la Charité,* grisaille. *Couronnement de la Vierge,* exécuté à l'âge de dix-neuf ans.

Pérugin et Raphaël : *Résurrection de Jésus-Christ.* Peint par Raphaël, d'après le dessin de Pérugin.

Pérugin : *La Vierge sur un trône et des saints.*

J. Bellin : *Le Christ mort et Madeleine.*

Murillo : *Mariage mystique de sainte Catherine.*

Léonard de Vinci : *Saint Jérôme,* ébauche.

Titien : Portrait de doge ; la Vierge et des saints, remarquable.

3.

Andréa Sacchi : *Vision de saint Romuald*, œuvre de premier ordre.

Guido Reni : *Martyre de saint Pierre*, un de ses meilleurs tableaux.

Paul Véronèse : *Songe de sainte Hélène.*

Corrège : *Le Christ* dans une gloire.

Ces deux tableaux ne sont pas dignes de Véronèse et de Corrège.

Ribera : *Martyre de saint Laurent.*

N. Poussin : *Martyre de saint Érasme*, le plus grand de ses tableaux, et non le meilleur ; toile de plus de 4 mètres de haut. Faible de composition et encore plus faible d'exécution, etc., etc...

Nous venons d'admirer les toiles que l'on proclame les chefs-d'œuvre de la peinture à l'huile. Pour parvenir à cette galerie, nous avons dû gravir deux à trois cents marches ; et, après cette pénible ascension, arrivés aux étages les plus élevés du Vatican, nous sommes entrés dans des salles pauvres d'aspect et éclairées par des fenêtres de côté. Un détail : pour s'y reposer, on n'y trouve que quelques chaises de paille.

Ceci ne se dit pas assez, aussi j'y insiste. Comprend-on la *Transfiguration*, la *Communion*, la *Vierge au donataire*, etc., etc., présentées dans un pareil cadre ?

La lumière entre comme elle veut, brutalement;

elle frappe de tous côtés, occasionnant des reflets sur les murs et des reflets sur les parquets. Si l'on aperçoit bien le haut d'un tableau, on juge mal le bas, et réciproquement. En vain cherche-t-on une place convenable pour le voir d'ensemble. Serait-il si difficile de percer les plafonds et les toits pour obtenir un jour meilleur? C'est d'autant moins compréhensible que les galeries des antiques, que nous allons visiter tout à l'heure, sont installées avec une extrême magnificence et souvent d'une façon irréprochable. Pourquoi d'une part tant de recherche et de l'autre si peu de respect pour des pages glorieuses?

Au reste, cette critique peut s'étendre à toutes les grandes galeries d'Italie. Exceptons, dans une certaine mesure, le palais Pitti, à Florence; car si les salles de ce musée sont richement ornées, comme elles ne reçoivent la lumière que par des fenêtres, les tableaux sont ou insuffisamment éclairés ou placés à contre-jour.

Mais quant aux galeries de Naples, à celles des Offices et de l'Académie des Beaux-Arts à Florence, à la galerie de Bologne, à celle de l'Académie des Beaux-Arts à Venise, aux salles Brera à Milan, etc., etc., toutes elles sont, à fort peu près, dans d'aussi médiocres conditions : ornementation insuffisante, éclairage défectueux, et, ce qui est plus grave, absence de plan dans l'arrangement général des œuvres exposées. L'ordre chronologique y est, en effet, rarement observé, et le classement par écoles à peu près inconnu.

A tous ces points de vue, les comparaisons sont à éviter avec les grandes collections d'Europe ; elles ne tourneraient pas à l'honneur de l'Italie.

J'irai plus loin : il n'est pas jusqu'aux musées de nos principales villes de France, si modestement dotés soient-ils, qui, à cet égard, ne l'emportent sur les galeries italiennes.

Enfin, les vieux usages persistent au Vatican. On ne doit y aller que les poches bourrées de menue monnaie : à chaque porte un custode besogneux est là prêt à tendre la main.

Pour abolir cet usage jadis universellement répandu, le gouvernement du roi, dans les musées et les monuments qui appartiennent à l'État, a imaginé autre chose : aux portes d'entrée sont placés des tourniquets que l'on franchit moyennant *una lira*.

C'est un autre genre de mendicité.

On est forcé aujourd'hui, pour aller au musée de sculpture, de sortir du Vatican, de traverser la place, de contourner entièrement Saint-Pierre et de remonter une très longue avenue. C'est une vraie course, alors que par le corridor Chiaramonti on entre directement dans le Braccio Nuovo et le Belvédère.

On en profite pour voir l'extérieur de Saint-Pierre sous toutes ses faces. Est-ce une compensation ?

La masse informe du monument, surmontée de sa coupole, qu'on voit mal, comme toujours, me surprend sans m'émouvoir.

Je n'en dis pas autant de la place. Au centre, au pied de l'obélisque, entre les deux fontaines, la vue de ces deux grands portiques elliptiques du Bernin impressionne. Mais comme cette splendide décoration est ici un hors-d'œuvre et écrase la façade et l'extérieur de Saint-Pierre ! Il est vrai que cette façade de C. Maderno est si franchement mauvaise...

Les Sculptures. — Ici, comme partout, je ne m'arrête, bien entendu, qu'aux sommets.

Braccio Nuovo : Au fond de cette splendide galerie de marbre et de granit, construite par l'ie VII, sur un piédestal isolé, trône la statue de l'*Athlète* ou coureur, un chef-d'œuvre ! Un strigile à la main gauche, ce jeune homme enlève sa sueur. Les pieds sont un peu grands ; mais quelle sobriété d'exécution et quels plans ! Trouvée en 1849 dans le Transtévère, attribuée à Lysippe.

Viennent ensuite : *Silène tenant dans ses bras*

Bacchus enfant, répétition de celui du Louvre ; la belle statue de *Démosthène ;* la superbe *Minerve Poliade* ou *Medica ; Vénus Anadyomène essuyant ses cheveux ;* un *Faune ;* l'adorable figure de la *Pudicité ;* l'*Amazone blessée ;* un *Mercure* en pentélique, etc., etc...

CORRIDOR CHIARAMONTI. — Collection importante de statues, de bustes, de bas-reliefs, de fragments d'un ordre secondaire.

A citer : Un fragment représentant un retiarius et un mirmillo ; *Procession des Panathénées*, bas-relief détaché de la cella du Parthénon ; *Auguste jeune*, vague ressemblance avec Napoléon jeune, très beau buste ; statue assise de *Tibère ;* copie antique de *Cupidon bandant son arc*, dit faussement *Cupidon de Praxitèle ;* deux *Ganymèdes* avec l'aigle, etc., etc. . Dans un coin, un remarquable buste de *Brutus*.

Au bout de cette galerie quelques marches conduisent au musée Pio-Clementino.

Une porte à gauche donne accès dans les jardins du Vatican réservés au saint-père. Est-ce cette circonstance qui a fait interdire au public l'entrée des musées de sculptures par le corridor Chiaramonti ? Il n'en a pas été toujours ainsi, et le détour qu'on est obligé de faire est vraiment trop long.

Musée Pio-Clementino. — Vestibule et cour
du Belvédère, etc., etc...

Toutes les salles de ce musée sont dignes, par
leurs heureuses dispositions, des grandes merveilles qu'elles renferment.

Vestibule du Belvédère. — Au milieu, l'incomparable torse du *Belvédère,* en marbre blanc,
par Apollonius, fils de Nestor l'Ancien. Interprétation idéale et savante de la forme humaine.
Est-ce un Hercule au repos ?

On connaît l'admiration sans réserve de Michel-
Ange qui, devenu vieux et aveugle, se faisait une
joie de venir encore le caresser de ses mains.

Derrière le torse, le tombeau de Scipion Bar-
batus, bisaïeul de Scipion l'Africain (456). L'architecture et la pureté des ornements annoncent
l'avènement de l'art grec, tandis que la forme des
lettres et le style de l'inscription attestent encore
la rudesse du temps de la République.

Contre le mur, inscription en latin archaïque.

Vestibule rond. — Un beau bassin de marbre.
Du balcon, une des plus belles rues de Rome.

Chambre de Méléagre. — Statue justement
célèbre, quoique du temps de l'Empire.

A côté, le fameux escalier en spirale de Bramante. Il ne sert aujourd'hui qu'aux gens de
service.

La cour du Belvédère. — Octogone, avec portique ouvert soutenu par des colonnes de granit, un bassin au milieu.

Aux angles, quatre cabinets renfermant chacun une œuvre d'art. Disposition heureuse pour une contemplation recueillie.

Là, le *Mercure*, connu aussi sous le nom d'*Antinoüs du Belvédère*, le *Laocoon* et l'*Apollon*. On se tait et on admire.

Et dans le quatrième cabinet... Est-ce croyable? Sur le même rang que ces grandes œuvres, le *Persée* et les deux *Pugilateurs* de Canova! Ici!... Un beau jour, n'en débarrassera-t-on pas ce sanctuaire!

Sur les murs, d'anciennes inscriptions; sous les portiques et dans des niches des statues, des bas-reliefs, des sarcophages...

Salle des Animaux. — Devant la porte, deux dogues. A l'intérieur, diverses sortes d'animaux en marbres variés. Au milieu, table en vert antique; le pavé en mosaïques antiques.

Galerie des Statues. — Le *Cupidon* de Praxitèle, désigné aussi sous le nom de génie du Vatican, d'une si exquise simplicité. Les bras et les jambes manquent.

De Praxitèle encore l'*Apollon Sauroctone*, tueur de lézards. Puis le *Ménandre* assis, *Ariane*, plus connue sous le nom de Cléopâtre. Un putéal entouré de bas-reliefs, etc., etc...

SALLE DES BUSTES. — Nombreux bustes grecs et romains. Bas-reliefs, sarcophages, etc., etc...

A la suite : LE CABINET DES MASQUES. — Fermé je ne sais pourquoi. On n'obtient pas facilement l'autorisation de le visiter. Il ne renferme heureusement rien d'important.

CHAMBRE DES MUSES. — Coupole octogone, vitrée, soutenue par des colonnes de marbre de Carrare à chapiteaux antiques. Statues des *neuf Muses* trouvées à Tivoli : Hermès de Sophocle, d'Homère, d'Eschine, etc., etc...

SALLE RONDE. — Au milieu, vaste bassin de porphyre rouge pour lequel la salle a été construite. Statue colossale d'*Hercule* en bronze doré; bustes colossaux. Magnifique pavement.

SALLE A CROIX GRECQUE. — Pavé de mosaïques antiques. Deux superbes sarcophages en porphyre de l'impératrice sainte Hélène et de sainte Constance, fille de Constantin. Copie antique, en marbre grec, de la *Vénus* de Praxitèle. L'avant-bras droit et le bras gauche modernes.

CHAMBRE DE LA BIGUE. — Au milieu, char antique attelé de deux chevaux, le tout en marbre blanc et en grande partie restauré. Copie du *Discobole* de Néron de la villa Adriana.

GALERIE DES CANDÉLABRES. — Longue galerie :
candélabres, colonnes, bas-reliefs, statues, etc.,
etc., d'ordre tout à fait inférieur.

GALERIES DES TAPISSERIES ET DES CARTES. — Dési-
gnées sous le nom d'Arazzi, ces tapisseries furent
exécutées d'après les cartons de Raphaël, dessinés en
détrempe par lui et ses élèves. Achetés par Crom-
well, ils sont aujourd'hui au South-Kensington.

Les cartes géographiques? je passe outre.

Je traverse rapidement la bibliothèque pour
aller à la chambre des noces aldobrandines, fresques remarquables par leur style vraiment homé-
rique et si supérieures à toutes celles découvertes
à Pompéi jusqu'à ce jour.

Saint-Pierre. — L'heure de la fermeture du Vatican étant venue, j'entre à Saint-Pierre.

Visite rapide. Je n'ai rien oublié, je m'y reconnais à merveille. Je n'en entreprendrai pas la
description.

Si l'on est surpris, combien l'on est peu ému !
Oui, que de richesses, de magnificences, d'efforts,
de talent et même d'audace pour n'arriver à
produire qu'un grand étonnement ! Exceptons la
coupole. Toutefois, est-elle plus imposante que
celle du Panthéon? C'est une comparaison que
je veux refaire sur l'heure.

Je vais au Panthéon en passant par la place Navone, une des plus vastes et des plus belles places de Rome, et qui conserve encore la forme du cirque d'Alexandre Sévère, les maisons ayant été bâties sur les fondements des gradins.

Elle est le plus grand marché de la ville. Un obélisque et trois fontaines du Bernin la décorent.

Le Panthéon. — Le Panthéon fut construit par Agrippa vingt-six ans avant Jésus-Christ. Je ne saurais trop affirmer mon admiration pour ce temple. Mais d'abord était-il un temple ou simplement une rotonde des Thermes d'Agrippa ? La controverse est restée sans conclusion.

Le portique est superbe avec ses colonnes monolithes de granit oriental et ses chapiteaux corinthiens en marbre blanc, les plus beaux que nous ayons de l'antiquité. Admirables aussi les proportions de l'entablement et du fronton où se trouvait un bas-relief de bronze doré. Les poutres et les clous de bronze de la toiture du portique qu'Urbain VIII, en 1632, fit enlever servirent en partie à faire les quatre colonnes du baldaquin du maître-autel de Saint-Pierre On fondit encore avec ce métal quatre-vingts pièces de canon. Il ne reste de bronze que la porte qui est antique et l'anneau bordant l'ouverture de la voûte.

A l'intérieur, l'aspect est aussi simple que grandiose. La coupole est plus grande en diamètre
que celle de Saint-Pierre; mais étant moins élevée
on en sent encore mieux l'immensité. Elle n'est
éclairée que par ce jour unique, ouverture circulaire de 8 mètres de diamètre, d'où la lumière
descend également et se répand à profusion dans
toutes les parties de l'édifice. De même l'encens
des sacrifices s'en échappait et montait librement
vers les dieux.

Par contre, si le Panthéon n'était qu'une rotonde des Thermes d'Agrippa, cette ouverture ne
servait qu'à donner une issue à la vapeur d'eau.
C'est moins poétique.

A gauche du maître-autel, le tombeau de Raphaël; à droite, celui de Victor-Emmanuel.

L'Italie vient de célébrer le quatrième centenaire
de la naissance de Raphaël. Sa tombe est couverte
de couronnes et de bannières apportées par les dé-
putations.

Celle de Victor-Emmanuel est également jon-
chée de fleurs; il en est ainsi depuis sa mort. Un
registre sur lequel veille un vétéran est ouvert là
en permanence.

Les Italiens ou les visiteurs, admirateurs du
roi *galant' uomo*, s'y écrivent. Le premier roi
d'Italie dort-il là son dernier sommeil et ne sera-

t-il pas un jour porté à la *Superga?*... Question!

· En attendant, on projette de lui élever un magnifique mausolée au-dessous de la coupole, au centre. Tant pis! A notre avis, l'effet en sera désastreux pour le Panthéon.

———

VENDREDI 13. — *Le Capitole.* — Au bas de l'escalier, deux lionnes en basalte d'Égypte; au haut, les statues colossales de *Castor et Pollux* en pentélique. A côté, les trophées de Marius, fausse dénomination; la colonne milliaire de Vespasien et de Nerva, premier mille de la voie Appienne. Le milliarium de gauche marquait le septième mille. Au centre de la place, la statue en bronze de Marc-Aurèle.

La seule statue équestre en bronze qui nous soit parvenue intacte de l'antiquité; on y observe des traces de dorure. Michel-Ange, dit-on, admirait le cheval! On n'est pas forcé de l'imiter.

J'aime mieux le geste protecteur du bras du héros et surtout l'inclinaison de côté de la tête du cheval qui, de face, découvre le cavalier.

Heureux mouvement bien imité depuis.

Le Musée, la Cour : Au centre, la fontaine, surmontée de la statue de *Marforio.* Lorsqu'elle

était près de l'arc de Septime-Sévère, on y affi-
chait des propos satiriques, qu'elle échangeait
avec celle de son compère Pasquino, ancienne
statue de Ménélas, située à l'angle du palais
Braschi. D'où le mot de pasquinades.

Sous le portique : *Minerve* colossale, tête de
Cybèle, statues de *Mercure, Jupiter, Adrien...*

Dans les salles du bas, sarcophages, cippes,
tombeaux, autels, statues insignifiantes, fragments...

Dans la dernière salle, un superbe sarcophage
(histoire d'Achille).

Dans l'escalier qui condu't au premier étage,
sur les murs : 26 fragments du plan de Rome
antique découverts au Forum dans le temple de
Rémus. On les croit du temps de Caracalla. Très
intéressants.

Premier étage :

Salle I. — Le *Gladiateur*, ou mieux le *Gaulois mourant*; l'*Antinoüs* de la villa Adriana ;
la plus belle des trois répétitions du *Faune* de
Praxitèle; l'*Amazone*, supérieure à celle du Vatican...

Salle II. — Le *Faune tenant des raisins*, en
rouge antique, de la villa Adriana ; *Enfant luttant
avec une oie.*

Salle III. — Grande salle des Centaures : *Deux*

centaures en marbre gris foncé; *Hercule enfant*
en basalte vert...

Salle IV. — Salle des Philosophes. Statue assise
de *Marcus Claudius Marcellus,* le vainqueur de
Syracuse. Bustes nombreux. Plusieurs bustes
d'*Homère,* répétitions ou variantes de ceux du
Louvre et de Naples...

Salle V. — Salle des Empereurs. Série de bas-
reliefs; bustes d'empereurs; belle statue assise
d'*Agrippine,* femme de Germanicus.

Corridor. — *L'Amour bandant son arc; Tête
de·vieille femme ivre.*

Salle des Colombes. — La mosaïque des colombes autour d'une coupe; une autre mosaïque
représentant deux masques : *Tragédie et Comédie.*

Cabinet. — La *Vénus du Capitole,* je n'en
avais pas conservé un si bon souvenir. Je la revois
avec plaisir. Je n'en dirai pas autant du groupe de
Cupidon et Psyché. Quant à *Léda...* je passe.

Palais des Conservateurs. —Vestibule : Statues
de *César* et d'*Auguste.*

Cour : Sculptures antiques.

Premier étage :

Traversé rapidement la *Protomothèque.* Quel
nom! — Sorte de panthéon, renfermant les bustes
des Italiens célèbres. Au fond, un monument fort

médiocre à la mémoire de Canova. Canova, Canova, décidément, c'est un culte.

Collection d'ivoires, vases, terres cuites, léguée en 1860 par le chevalier Castellani.

SALLE DES BRONZES. — Grand *Hercule* en bronze doré; *l'Enfant s'arrachant l'épine du pied*, bien connu; une *Diane triforme*; la *Louve allaitant Romulus et Rémus;* les enfants sont une restauration du XVᵉ siècle. Casques, bijoux, statuettes, candélabres, ustensiles, petits meubles, le tout moins intéressant et moins complet que le musée de Naples. Cependant un char et une litière en bronze fort beaux.

Riche collection de médailles impériales et de monnaies diverses. Incompétent.

LA COUPOLE OCTOGONE. — Goût moderne italien s'épanouissant là dans sa fleur... Horrible. Collection d'antiques. Rien d'important.

LES SALLES DES CONSERVATEURS. — La grande salle : Fresques du chevalier d'Arpin, épisodes de l'histoire romaine. Statue en bronze d'*Innocent X*, par l'Algarde à un bout; à l'autre, statue en marbre d'*Urbain VIII*, par le Bernin. Statue de *Léon X*, par Giac del Duca.

Ce même geste de toutes les statues de pape, — la main levée et bénissant, — devient à la longue singulièrement monotone.

Salle II. — Fresques de Lauretti, histoire romaine, et statues des généraux *Colonna*, *Farnèse*, *Aldobrandini*..... en empereurs romains.

Salle III. — Fresques de la frise attribuées à Daniel de Volterre. A la suite, un cabinet où, dans des vitrines, sont conservés des souvenirs de Garibaldi, couronnes, drapeaux, etc..., manteau et sabre du *condottiere*.

Il faut être sérieux devant cette défroque; les Italiens ne plaisantent pas.

Salle IV. — Fragments de fastes consulaires. Liste des consuls et magistrats depuis l'an 272 jusqu'à Auguste.

Salle V. — Tête de Méduse, marbre, par Bernin.

Salle VI. — Tapisseries d'après des dessins de Poussin et de Bernin.

Salle VII. — Fresques par Daniel de Volterre. A côté, chapelle, fresque par le Pinturicchio.

A l'étage supérieur la PINACOTHÈQUE.

Elle contient environ 300 tableaux.

Sainte Pétronille, vaste toile, œuvre capitale du Guerchin; un Velasquez, son propre portrait; l'esquisse de la *Communion de saint Jérôme*, d'Aug. Carrache, du musée de Bologne; portraits de Van Dyck, inférieurs; portrait de Michel-Ange par lui-même; *Saint Sébastien*, par Carrache, et également un *Saint Sébastien* par Dominiquin.

Le Forum. — Descendu au Forum par l'escalier de gauche; quel changement ! Des fouilles immenses ont mis à jour le vrai niveau du Forum. On marche maintenant sur les dalles mêmes de la voie sacrée.

Autour de la colonne de Phocas, de nouveaux temples, de nouveaux monuments, la tribune aux rostres ont été découverts. En certaines parties, il y a 8 mètres de déblai à enlever, et quel travail si on l'entreprend depuis l'arc de Septime-Sévère jusqu'au temple d'Antonin-et-Faustine !

Je m'arrête d'abord à la prison Mamertine, où César fit mettre à mort Vercingétorix, où périrent Jugurtha et Séjan et où saint Pierre et saint Paul eux-mêmes furent détenus. Leurs prières y firent jaillir la petite source miraculeuse avec laquelle ils baptisèrent leurs compagnons. .La légende veut aussi que l'empreinte grossière d'un visage humain qui se voit sur la pierre du mur soit la face même de saint Pierre.

Vu, en détail, toute cette partie du Forum si nouvelle pour moi : la tribune aux rostres, la *basilica Julia*, la double voie sacrée, la *cloaca maxima*, qui passe sous nos pieds. Cet égout, construit par Tarquin l'Ancien pour dessécher le lac de Curtius, sur l'emplacement duquel se trouve le Forum, fonctionne toujours depuis cette époque.

Palais des Césars. — J'ai hâte d'aller aux jardins Farnèse, sur le Palatin, visiter les ruines du palais des Césars, qui me sont totalement inconnues. Ces jardins furent acquis en 1860 par Napoléon III et vendus ensuite, en 1870, à Victor-Emmanuel.

La *Roma quadrata*, Rome carrée; le berceau de Rome est ici même, sur le Palatin.

De l'endroit où se trouve l'arc de Titus une rue (*clivus Palatinus*) montait au palais des Césars. On y voit des murailles massives datant des premiers temps de la République et les restes de la *porta Mugonia*, par où passaient les troupeaux qui allaient boire au Vélabre. A droite, les fondations du temple de Jupiter Stator. Cicéron prononça là sa première catilinaire.

Plus haut, les restes du palais des Flaviens. Domitien décora avec magnificence la demeure impériale. Parmi tous ces divers édifices dont les dénominations sont douteuses, on retrouve les divisions générales d'une maison romaine telles que Pompéi nous a appris à si bien les connaître: l'atrium, le péristyle, le triclinium... On y distingue encore une vaste salle à manger ornée de seize colonnes de granit. Un petit recoin anguleux est désigné comme étant le vomitorium.

A gauche, la maison d'Auguste (*domus Augus-*

tana). Au siècle passé, l'architecte français Rencoureuil en avait relevé les plans et les décors. Elle est maintenant tout à fait ensevelie sous des constructions modernes qu'il serait facile d'enlever.

En se tournant du côté du Capitole, sur ce versant du Palatin, s'étendaient les vastes constructions du palais de Caligula. De là partait le pont qu'il avait fait jeter jusqu'au Capitole. Au-dessous, les dalles du *clivus Victoriæ*, qui descend jusqu'au Forum par la *porta Romana*, une des principales entrées du Palatin.

Du palais de Caligula on monte sur une terrasse plantée d'arbres qui recouvre encore les restes de la maison de Tibère. C'est à déblayer. On a à ses pieds le Forum ; à droite, le Colisée ; à gauche, le Capitole. On domine à merveille tout cet ensemble de monuments, et l'on se prend à songer aux événements dont ils ont été les témoins.

A mon entrée aux jardins Farnèse, j'ai, contre mon habitude, refusé un guide ; je les ai parcourus mon livre à la main, et j'ai pu aisément m'y reconnaître. Il fait beau temps ; par moments cependant la brise est un peu fraîche ; je suis seul au milieu de ces ruines, et c'est une chance, car je trouve le plus grand charme à cette solitude.

Je reviens sur mes pas, j'entre dans la galerie souterraine, le cryptoporticus, qui me conduit à la maison de Livie, — à ce qu'on croit! — découverte en 1869. Dans l'atrium s'ouvrent trois salles décorées de fresques d'une belle conservation. Les peintures de la salle à manger, le triclinium, — chose assez rare, — représentent des paysages. Au-dessus des portes, des corbeilles de fruits remarquables.

Vers l'ouest, au pied de la pente, une série de pièces que l'on croit être l'ancien *Pædagogium*, où l'on instruisait les esclaves de l'empereur. Du côté de la vallée où s'étendait le *circus Maximus*, les salles souterraines du palais, agrandi par Septime-Sévère; en face, le mont Aventin, et, au bas, la civilisation moderne avec ses usines à gaz!...

Je quitte, enchanté, les jardins Farnèse; je vois l'arc de Titus, celui de Constantin, la *meta sudans* (borne-fontaine reconstruite par Domitien), les restes du piédestal de la statue colossale de Néron ; j'entre un instant au Colisée (amphithéâtre de Flavien). Même impression.

Encore du nouveau pour moi: on a déblayé à moitié l'arène et mis à jour les substructions du sous-sol. C'est un dédale de murs elliptiques et rectilignes, de souterrains, de conduites d'eau et d'égouts..., toute une machination théâtrale encore mal définie. J'y reviendrai en détail.

Je me fais conduire à la colonne Trajane. En route, je rencontre B...; nous différons totalement de ligne de conduite. Je raconterai peut-être sa façon de voyager. Je dois avouer que le brave homme n'est nullement gênant.

Pour l'instant, il est à pied et harassé; je le prends dans ma voiture.

Vu la colonne Trajane, qui a servi de modèle pour notre colonne Vendôme.

Saint-Labre.— En passant devant l'église Santi-Apostoli, place du même nom, nous trouvons une grande foule. Un écriteau, placé sur le portail de l'église, nous apprend que notre compatriote Joseph Labre vient d'être canonisé!... On ne canonise pas tous les jours un Français. Nous nous empressons naturellement de descendre de voiture et d'entrer, — je ne dis pas avec quel sentiment, —Labre est désormais saint! On chante un office, — lequel? — à la gloire du nouvel élu. L'église est éclairée à giorno. Toutes les fenêtres sont bouchées par des rideaux, et des guirlandes de lustres, épousant les pilastres, les architraves et les arêtes des voûtes, illuminent le temple.

Décoration de fête comme les Italiens seuls

savent les si bien faire; coup d'œil ravissant.

Nous allons à la fontaine de Trevi. Surprenante cette fontaine, la plus belle de Rome; je la reverrai plusieurs fois. La place où elle se trouve est peut-être un peu petite. Érigée, sous Clément VII, par Nicolo Salvi; le Neptune est de Bracci.

B..., reposé, me quitte; je rentre seul.

SAMEDI 14. — Ma première visite pour d'E...; je ne le trouve pas.

Palais Sciarra. — Le *Joueur de violon*, de Raphaël. Le palais est en réparation, on n'entre pas; le prince est encore à Paris. S'il revient avant mon départ, peut-être lui ferai-je visite pour avoir l'occasion de revoir son Raphaël. Je reste sous le porche assez longtemps, assailli par un orage de pluie et de grêle.

Palais Barberini. — Un des plus vastes de Rome. Commencé en 1624 par C. Maderne, qui, devenu infirme, se fit suppléer par son élève Borromini, auquel on adjoignit Bernin. Borromini ne put accepter cette collaboration forcée et se donna la mort. Extérieur remarquable, grand jardin, belle entrée avec grille. L'escalier en spirale conduit au premier, à la grande salle. Plafond de *Pietro di Cortona*, le *Triomphe de la gloire*, énorme machine allégorique. A l'entresol, la galerie de tableaux! aspect misérable; un custode vieux et crasseux, sorte de rat d'église, me reçoit.

A citer : une assez belle *Sainte Famille*, d'André del Sarto, une *Figure d'esclave*, de Titien ou de Palma le Vieux, et surtout la *Fornarina* de Raphaël, et la pauvre petite *Cenci*, du Guide, tableaux célèbres. Méritent-ils cette célébrité?... Et de tous les côtés, par terre, sur les murs, un ramassis de toiles plus ou moins détestables qui n'appartiennent pas au prince, mais dont il autorise la vente ici chez lui.

Académie de Saint-Luc. — Je vais au Capitole prendre B... Nous allons ensemble à l'Académie de Saint-Luc; j'y revois avec plaisir un beau Claude Lorrain, un Joseph Vernet excellent, des paysages du Poussin, un superbe Basano (une tête), et surtout la petite fresque si connue et si justement célèbre de Raphaël, l'Enfant portant des guirlandes.

Il y avait là, exposées par faveur spéciale, une *Sainte Famille*, la *Vierge au Voile*, attribuée à Raphaël, dont on nous propose l'acquisition pour 200,000 francs. Je m'incline. Ce tableau vient de Milan, œuvre exquise dans certaines de ses parties. Si elle n'est pas de Raphaël, c'est assurément une copie du temps faite sous les yeux du maître.

Le Colisée. — Je revois en détail ce prodigieux monument; je monte jusqu'au sommet. B... me suit. Il geint bien un peu, mais enfin il me suit; rien ne l'y obligeait.

Le sol de l'arène ou podium, qui est de quatre mètres en contre-bas du seuil par où l'on entre, a été découvert en 1873. A vrai dire, on ne sait encore rien de la destination de ces massives substructions qui n'ont été qu'en partie mises à jour.

Saint-Jean-de-Latran. — Sur la petite place, l'obélisque le plus grand de Rome.

J'avais conservé un meilleur souvenir de cette basilique. Malgré son style théâtral, le portique, surmonté d'une *loggia*, est imposant. On a de là une belle vue : au premier plan, les murailles de Rome et les lignes des anciens aqueducs, se perdant dans la campagne ; à l'horizon, les collines du *Latium* et de la Sabine.

L'intérieur a cinq nefs. Borromini a enveloppè les anciennes colonnes de granit de la basilique primitive dans de gros piliers d'ordre composite. Beau pavement du XIV* siècle. Riche plafond à caissons dorés, longtemps attribué à tort à Michel-Ange. Statues colossales des douze apôtres, en marbre, dans ce style extravagant dû à Bernin et à son école. La fresque du jubilé de 1300, attribuée à Giotto. Saint Jean-Baptiste, statue en bois de Donatello.

Scala-Santa. — A gauche de la place, la Scala-Santa. La chapelle, qui est au haut du fameux escalier, est assez intéressante : la porte en fer et l'encadrement de marbre viendraient de Jérusalem.

Thermes de Caracalla — Monument aussi admirable que le Colisée, et où la civilisation romaine s'affirme hautement. Les archéologues ont pu le reconstituer aisément, mais on se fait une idée de sa magnificence quand on se rappelle que c'est au milieu de ses ruines qu'ont été trouvés, au XVI* siècle, l'*Hercule Farnèse,* le torse du *Belvédère,* la *Flora,* la *Vénus callipyge,* le *Taureau Farnèse,* etc.

Circus Maximus. — Au retour, nous passons

par le Circus Maximus, entre le Palatin à notre droite et l'Aventin à notre gauche. Vu à droite, adossés au Palatin, quelques vestiges des anciennes assises du cirque. Il pouvait contenir quatre cent mille spectateurs.

Temple de Vesta. — Le ravissant temple de Vesta, sur les bords du Tibre; non loin l'arc de Janus Quadrifrons; à côté, le petit arc carré de Septime-Sévère, dit des Orfèvres. Nous sommes en plein Vélabre. La *cloaca maxima* passe sous nos pieds et se jette ici même dans le fleuve. Nous l'avons déjà aperçue traverser le *Forum* au bout de la *basilica Julia.*

Vu les quelques arcades qui restent du théâtre de Marcellus.

Repassé chez d'E... pour lui présenter B... Encore absent.

———

DIMANCHE 15. — Au moment de sortir, un orage semblable à celui de la veille.

B... m'accompagne.

La Farnésine. — Les douze fresques, représentant la fable de *Psyché,* furent exécutées, sur les dessins de Raphaël, par ses élèves Jules Romain, Penni, etc.

Pour les conserver, Carle Maratte entreprit de les restaurer. Si le coloris primitif a disparu sous sa main, on retrouve intact le dessin du maître et sa fantaisie superbe. Je reste longtemps à les admirer.

DANS LA DEUXIÈME SALLE, le *Triomphe de Galatée*. Cette adorable composition est tout entière de la main de Raphaël, sauf le groupe de droite. Le temps ne la respecte pas, elle s'altère.

Mais quel mobilier! quelles étoffes dans ces appartements! Toutes ces choses servant de cadre à ces fresques vous font hurler. Il n'y a donc pas un vulgaire tapissier dans la péninsule?

Les peintures de la voûte sont de Daniel de Volterre et de Sébastien del Piombo.

La tête, colossale, tracée au charbon dans un tympan, serait de Michel-Ange, qui l'aurait dessinée pour se distraire, en attendant D de Volterre, qu'il était venu visiter. Esquisse sans importance.

Portique d'Octavie. — En sortant, passé par la pêcherie pour voir les restes du portique d'Octavie, où fut trouvée la *Vénus de Médicis*. Belles colonnes de marbre cannelées avec chapiteaux corinthiens.

Sortis par la porte Saint-Paul. Tout à côté, la *Pyramide*, tombeau de Caïus Sextus, préteur quelques années avant Jésus-Christ.

Saint-Paul hors les Murs. — La basilique de Saint-Paul hors les Murs, détruite par un incendie en 1823, reconstruite par Léon XII, et consacrée par Pie IX en 1854. J'en reçois une impression moins favorable.

C'est tout ce qu'on voudra, excepté une église. Intérieur à cinq nefs; longueur, 140 mètres; matériaux splendides; quatre-vingts colonnes corinthiennes monolithes en granit de Baveno, bases et chapiteaux de marbre blanc. Plafond plat, excessivement ornementé et doré; somptueuse ordonnance : au premier abord grand effet; bientôt cette magnificence improvisée n'étonne même plus.

Le grand arc qui sépare la nef du transept est soutenu par d'énormes colonnes; au-dessous, le maître-autel, avec baldaquin porté par quatre colonnes d'albâtre oriental, présent du pacha d'Égypte. Aux deux bouts du transept, autels en malachite, présent de l'empereur Nicolas.

Les mosaïques, du XIIIᵉ siècle, de l'abside sont entièrement restaurées. Une frise de médaillons, contenant les portraits de deux cent cinquante-huit papes, exécutée en mosaïque à la manufacture pontificale, court autour de la grande nef.

Le clocher a l'air d'un phare.

Mais le cloître, du XIIIe siècle, est charmant avec ses colonnettes de formes très variées ; quelques-unes sont couvertes de mosaïques. Les arcs sont cintrés.

Voie Appienne. — Suivi la voie Appienne jusqu'au tombeau de *Cecilia Metella*. Nous rebroussons chemin, nous avons hâte d'arriver à Saint-Laurent hors les Murs.

Saint-Laurent hors les Murs. — Devant la façade, une colonne avec la statue du saint son gril à la main. A droite, entrée monumentale du nouveau cimetière. Nous le visiterons tout à l'heure.

Je ne connaissais pas cette basilique, j'en suis enchanté. Construite par Constantin, plusieurs fois agrandie et restaurée. Le chœur, élevé au-dessus du sol de la nef, est supporté par douze colonnes de marbre violet avec chapiteaux corinthiens, sauf deux qui sont composites.

Elles étaient à moitié enfoncées dans la terre, et, Pie IX les ayant fait dégager, on trouva le vrai sol de la basilique de Constantin. Il en résulte une sorte de crypte au-dessous du chœur, et c'est là que Pie IX a voulu reposer. Son tombeau est des plus modestes.

En remontant dans le chœur, j'admire long-temps la richesse et la variété des architraves des colonnes, — fragments d'entablements antiques,— qui se raccordent inégalement. Cette irrégularité n'est pas sans charme.

Au-dessus, un second rang de colonnes beau-coup plus petites; elles sont toutes variées et sup-portent les arcades plein cintre des galeries des-tinées aux femmes.

Ensemble du plus haut intérêt.

Un ancien siège épiscopal est dans le fond du chœur.

Sur le grand arc, qui sépare le chœur de la nef, des mosaïques du VIe siècle. L'autel, sous un baldaquin en marbre supporté par quatre colon-nes en rouge antique. Il est charmant.

L'intérieur de la basilique a trois nefs, divisées par des colonnes ioniques de granit et de cipolin. Le pavé de la nef et du chœur en mosaïques à dessins géométriques.

Deux ambons de marbre. Celui de droite, avec des incrustations, est fort beau. Colonne pour le cierge pascal.

A droite de la porte d'entrée, beau sarcophage antique, représentant un mariage.

Le porche, décoré de fresques du XIII* siècle, est très curieux.

Cloître du XIe siècle, nombreuses inscriptions antiques.

Des femmes baisent souvent la main du capucin qui nous accompagne.

Campo-Santo. — En sortant, visité le cimetière moderne et son *campo santo*. Il est vaste, bien tenu, et contient de nombreux et riches monuments de marbre. Il en est, comme partout, d'une naïveté singulière.

———

LUNDI 16. — *Exposition internationale des Beaux-Arts.* — Je m'y laisse conduire par B...

Bâtiment neuf, assez beau portique. Rez-de-chaussée très bien disposé pour la sculpture. Nombreuses salles remplies des œuvres des sculpteurs italiens, et surtout des produits de cette étonnante école de Milan. Le triomphe du joli, du fini... c'est atroce, je m'enfuis.

En haut, la peinture :

Grandes salles également bien disposées. Beaucoup, beaucoup de tableaux..., de l'habileté souvent. Du talent? C'est une autre affaire. B... finit par y découvrir les toiles de quelques-uns de nos bons peintres français. Où se sont-ils égarés, les imprudents?

Nous sommes seuls dans ces vastes salles. Ici, comme partout, la jeune Italie veut jouer à la grande nation. C'est un essai malheureux.

Cette exposition ne fera pas ses frais.

San Pietro in Vincoli. — *Le Moïse de Michel-Ange.* B... le critique... à son aise.

Santa Maria degl' Angeli. — Michel-Ange, à 80 ans, établit cette église dans l'immense salle de la Calidaria des Thermes de Dioclétien [1]. Il conserva les huit belles colonnes monolithes de granit. Ordonnance magnifique. Vanvitelli altéra par la suite ces somptueuses dispositions.

Dans le chœur, le *Martyre de saint Sébastien,* belle fresque de Dominiquin, et le *Baptême du Christ,* tableau si connu de Carlo Maratta. Un chartreux français-alsacien nous conduit.

Près de la sortie, belle statue en marbre de *Saint Bruno* par Houdon.

---

1. M. Paulin, étant à l'École de Rome, a fait un magnifique projet de restauration de ces thermes.

B... trouvant sa journée suffisamment remplie, nous nous séparons. Je poursuis sans lui.

Santa Maria sopra Minerva. — Sur l'emplacement d'un temple de Minerve, à gauche du maître-autel, statue du *Christ debout*, tenant la croix, par Michel-Ange, terminée par le Florentin Frizzi. Le pied droit ayant été usé par les baisers des fidèles, on lui a mis un brodequin de bronze, qui commence à s'user à son tour. Sous le maître-autel, les restes de sainte Catherine de Sienne. Dans l'église, tombeaux de *Léon X, Clément VII, Benoît XIII*, du *cardinal Bembo* et de *fra beato Angelico*.

C'est dans le couvent de cette église que Galilée, septuagénaire, dut déclarer que la terre ne tournait pas.

Santa Maria Maggiore. — Basilique. La principale des églises de Rome, consacrée à la Vierge. Sur la place, belle colonne corinthienne de la basilique de Constantin.

Intérieur grandiose et monumental. Magnifique plafond, superbe pavé de mosaïques anciennes. Le grand autel, formé d'un ancien tombeau en porphyre, couvert d'un baldaquin porté par quatre colonnes également en porphyre, entourées de palmes dorées. Bel ensemble se détachant sur les mosaïques de l'abside.

Au-dessus de l'arc triomphal, mosaïques du Vᵉ siècle, celles de l'abside du XIIIᵉ.

En avant du maître-autel, chapelle souterraine où l'on conserve, prétend-on, la crèche de l'enfant Jésus. A droite, chapelle Sixtine, construite par Sixte-Quint. Sa statue à genoux sur son tombeau; la tête ne ressemble pas. A gauche, chapelle Borghèse ou Pauline. Riche ornementation. Tombeau de *Clément VIII* et de *Paul V*. Dans le fond, autel de la Vierge richement décoré. Peintures par Guido-Reni.

De la façade postérieure, belle vue sur Rome. Sur cette place, un obélisque.

Le clocher est le plus élevé de Rome.

Santa Maria della Pace. — Façade théâtrale; intérieur à une seule nef. Le principal intérêt de cette église est la célèbre fresque de Raphaël dans les deux tympans d'un arceau : *Les Sibylles*. Restaurée en 1656, elle l'a encore été de nos jours.

San Pietro in Montorio. — Sur le Janicule. Après avoir traversé le Trastevere, on y monte par une belle route. Je passe devant l'Académie d'Espagne, établie sur le modèle de notre école de la villa Médicis.

Un beau soleil favorise cette course. Admirable panorama de la ville et de la campagne romaine.

Église modeste, souffrit beaucoup de l'attaque des Français en 1849. Réparée depuis.

Dans le cloître : le Tempietto, harmonieux petit temple du Bramante, élevé à la place même où saint Pierre aurait été crucifié. Dans la petite chapelle souterraine, on montre le trou où la croix fut plantée.

Sur la route, au-dessus de San Pietro, se trouve la belle fontaine Pauline, construite par Paul V.

Santa Maria in Trastevere. — Basilique.

Je ne m'en souvenais pas. A mon sens, elle est, avec Saint-Laurent hors les Murs, une des églises les plus intéressantes de Rome.

Érigée au IIIe siècle, elle fut la première église publique de la ville.

Intérieur à trois nefs, colonnes de granit, variées, provenant d'un temple d'Isis ou de Sérapis ; on y voit encore leur tête. Pavement en opus Alexandrinum.

Magnifique plafond plat à caissons ; au centre, l'*Assomption* bien connue *de la Vierge*, par Dominiquin.

Le baldaquin du maître-autel, soutenu par quatre colonnes en porphyre. Dans l'abside et sur le grand arc, des mosaïques excessivement intéressantes du XIIᵉ siècle.

Je sors enchanté. Sur la façade extérieure, encore des mosaïques du XIIᵉ siècle.

Santa Cecilia. — Santa Cecilia in Trastevere.

Insignifiante auprès de toutes les autres et surtout de la précédente.

Bâtie sur l'emplacement du palais du père de sainte Cécile, qui était préteur de Rome.

Les bains de la maison, ou du moins ce qui reste de ces bains, se voient dans une chapelle. Les mosaïques de l'abside sont du IXᵉ siècle. On y conserve le trône pontifical d'Urbain I.

La statue en marbre de la sainte, œuvre célèbre, mais médiocre, de Stephano Maderno, est heureusement placée au-dessus de la confession.

Le corps de sainte Cécile fut découvert au XVIIᵉ siècle en bon état de conservation, et Stefano Maderno le copia dans la position où il fut trouvé.

Dans la crypte, anciennes catacombes, sont les tombeaux de *sainte Cécile*, de *sainte Agnès* et de *sainte Catherine*.

Il Gesù. — Appartenant à la congrégation des jésuites. Église vaste et riche, commencée par Vignole en 1568. Pilastres corinthiens, stucs dorés, sculptures en marbre, etc... tant qu'on en voudra... à satiété.

La voûte, peinte par Baciccio, fresque très mouvementée, flamboyante, très décorative.

Les nuages et les personnages débordant du cadre et descendant sur la voûte... Amusant.

A gauche du maître-autel, tombeau du *cardinal Bellarmin;* les figures de la *Religion* et de la *Sagesse,* par Bernin.

A gauche du transept, la chapelle de Saint-Ignace. Le globe tenu par le Père éternel serait le plus gros morceau de lapis-lazuli connu.

Ara Cœli. — A côté du Capitole, sur l'emplacement même du temple de Jupiter-Capitolin. Juchée en haut d'un escalier de 124 marches qui monte tout droit. Heureusement qu'on y aborde aussi et presque de plain-pied par la place du Capitole. Intérieur à trois nefs, belles colonnes antiques, diverses de hauteur, de bases et de chapiteaux. Riche pavement en mosaïques, beau plafond plat à caissons dorés; deux chaires en mosaïques.

Sur le maître-autel, l'image de la Vierge attribuée à saint Luc.

Dans la sacristie, le santissimo Bambino, petite statuette taillée, dit-on, dans un arbre du jardin des Oliviers par un moine et coloriée par saint Luc.

Dans le transept nord, un autel formé d'un sar-cophage de porphyre à la place où, selon la légende, Auguste, instruit par la Sibylle de la naissance du Christ, aurait élevé un autel. *Ara primogeniti Dei.*

Je trouve en rentrant la carte de A. D...

Comment a-t-il su mon arrivée? Je cours chez lui. A. D..., Belge de naissance, a épousé une Italienne; il vient souvent à Rome, il connaît bien la ville. Après les premiers compliments, il me parle longuement de la situation qui nous est faite en Italie et de la haine que nous ont vouée les Italiens. Un Français ne serait pas admis aujourd'hui au club de la chasse (place Colonna).

Il n'est bruit, dit-il, que du traité conclu entre l'Allemagne, l'Autriche et l'Italie. Son indignation éclate. Il est assurément plus patriote que bien des Français. Je lui réponds que l'on doit encore moins compter sur la reconnaissance des peuples que sur celle des individus. Ma philosophie l'étonne, surtout lorsque j'ajoute que rien de tout cela ne change mes sentiments pour l'Italie, que j'ai toujours aimée.

Je reviendrai plus loin sur cette désaffection de
l'Italie à notre égard. En ce moment, les esprits
sont un peu plus surexcités par le mariage que le
prince Thomas, frère du roi, duc de Gênes, amiral
de la flotte, vient de contracter avec la princesse
Isabelle de Bavière.

Les Italiens sont flattés de cette alliance ; ils at-
tendent impatiemment l'arrivée des deux époux,
et l'on fait de grands préparatifs pour les recevoir.

C'est le cas de le dire : ce ne sont que festons,
ce ne sont qu'astragales. Et des estrades pour
mieux voir leur entrée, et des arcs de triomphe
très élevés pour qu'ils puissent passer dessous
sans se baisser, comme dit le poète ! Puis un car-
rousel que l'on prépare à la villa Borghèse. Que
sais-je encore ? Sans doute, l'inévitable revue des
troupes.

MARDI 17. — Reçu ce matin à ma toilette la
visite de d'E... Très empressé, très aimable ; il
m'invite à aller voir son atelier vers onze heures, et
à déjeuner ensuite chez lui. Je lui donne des nouvelles de nos amis de Paris ; il me quitte.

L'atelier de d'E. — Mon courrier expédié, je vais à son atelier, *via Sistina*. Il se compose d'une série de pièces où travaillent ses praticiens, au nombre de dix-sept en ce moment; son atelier personnel est au bout.

Je retrouve avec plaisir les modèles de ses bustes et de ses anciennes statues; je vois le plâtre de sa danseuse dont le marbre sera au Salon cette année. Il me montre le plâtre de sa statue colossale de Sapho, qu'il doit exécuter en marbre. Sapho jalouse!... Il y a là certainement une idée neuve. Il s'est inspiré de la tête de Nilson. Cette œuvre devra faire sensation.

Nous allons ensuite déjeuner chez lui, *via Nazionale*.

Accueilli très aimablement par Mme d'E... Leur installation est charmante.

Ils possèdent quelques bibelots précieux, entre autres une ravissante statuette de Tanagra; un *Bacchus* en bronze (statue importante de 1 mètre de haut environ), trouvée à Pompéi. Une jambe, malheureusement, est cassée.

Madame d'E... me propose ensuite de me faire les honneurs du Forum, qu'elle connaît à merveille. J'accepte avec reconnaissance; nous prenons rendez-vous pour quatre heures. Je poursuis mes courses.

Sant'Agostino. — La coupole de cette église est la première qu'on ait élevée à Rome, en 1580. A l'entrée, beau groupe en marbre de Sansovino : *La Vierge et l'Enfant Jésus;* celui-ci chargé de pierreries et de bijoux.

Sur le troisième pilier à gauche, la fresque de Raphaël, le *Prophète Isaïe*, exécutée en 1512, après avoir vu, dit-on, les prophètes de Michel-Ange. Très mal éclairée, très altérée et restaurée par Daniel de Volterre. A droite, le même enfant portant des guirlandes de la fresque de l'Académie de Saint-Luc.

Palais Farnèse. — Résidence de l'ambassadeur de France en Italie et siège de l'École française de Rome; appartient à l'ex-roi de Naples.

Type le mieux caractérisé du palais romain et une des gloires de l'architecture du temps. Dû à San Gallo. Masse imposante, uniforme sur ses quatre faces; une loggia, cependant, du côté du Tibre. Paul III le fit commencer alors qu'il n'était que le cardinal Farnèse. Ayant mis le couronnement de l'édifice au concours, on choisit le projet envoyé par Michel-Ange. On a voulu lui contester la conception de cette fameuse corniche. Au dernier centenaire de Michel-Ange, M. Garnier se permit même de faire entendre, à ce sujet, de sévères critiques.

Les cours du palais étaient jadis décorées de l'*Hercule,* de la *Flora* et du groupe du *Taureau* que nous venons de voir au musée de Naples.

Dans la grande galerie : Fresques d'Annibal Carrache, œuvre capitale à laquelle contribuèrent son frère Augustin, Dominiquin et un certain nombre de leurs élèves. La composition centrale est le *Triomphe de Bacchus et d'Ariane.*

Dans un cabinet, fresques par Annibal Carrache. Dans une salle, fresques par Daniel de Volterre, Salviati, etc., etc... Dans une autre salle attenante, trois fresques par Dominiquin.

Galerie Doria. — A voir toutes ces collections particulières, la fatigue et l'ennui vous prennent. Que de tableaux souvent apocryphes, que de détestables choses!... Cependant on finit toujours par découvrir quelque œuvre sérieuse.

Ici, un *Innocent X,* par Velasquez, superbe portrait; une *Descente de croix,* de Memling, des Claude Lorrain, entre autres le *Moulin.* La copie des *Noces aldobrandines* du Poussin. Deux Holbein : portrait de sa femme et son propre portrait. Une copie par un élève de Raphaël de la *Jeanne d'Aragon,* dont l'original est au Louvre, et très faussement attribuée ici à Léonard de Vinci. Un buste d'*Olimpia Maidalchini Panfili*, belle-sœur d'Innocent X, par l'Algarde, etc., etc...

Galerie Colonna. — Les jardins de ce palais, plantés d'orangers et de citronniers, s'étendent jusque sur les hauteurs du Quirinal. Les appartements sont beaux. Mais encore ici, quelles étoffes, quels meubles! et surtout que de tableaux médiocres!

La grande galerie est remarquable par son étendue et la richesse de son architecture. Un de nos boulets, en 1849, entrant par la fenêtre du fond, sans blesser personne, s'incrusta dans une marche de marbre de cette salle. On l'y voit encore.

Dans les premières salles, tapisseries intéressantes. *Sainte Famille*, par Jules Romain; un Titien, beau portrait de moine. Van Dyck : un portrait. *La Vierge et saint Pierre*, par Palma le Vieux. *Saint Jérôme*, par le Spagna.

Une Vénus anadyomène, marbre; quelques bronzes antiques; une petite statue de *Faune*, par Sansovino.

Le palais Colonna est aussi la résidence de l'ambassadeur français auprès du saint-siège. Vu là de S... qui me fait le meilleur accueil. Il me

donne des nouvelles de Mlle de ***. Son état est
moins grave qu'on ne l'avait dit; ce ne sera peut-
être pas une fièvre typhoïde. J'en écrirai ce soir à
François.

Le Forum. — En quittant de S..., je cours au
Forum, au rendez-vous que m'a si aimablement
donné Mme d'E... Elle est arrivée la première. Nous
mettons plus d'une heure à visiter les ruines nou-
vellement découvertes. Elle me les explique fort
bien. Plus on les parcourt, moins on comprend
que les foules dont parle l'histoire aient pu s'y
réunir. Oui, ce sont surtout les foules qui sont
difficiles à comprendre au Forum et sur la voie Sacrée... une ruelle!... Et la tribune aux rostres!
Ce n'était assurément qu'à un nombre très res-
treint d'auditeurs que l'orateur pouvait s'adresser.
Et cependant c'est bien là que tant d'événements fameux se sont accomplis.

Mme d'E... me quitte, et je reste vraiment touché
de tant de complaisance et de bonne grâce. Je
monte à la roche Tarpéienne, que je ne connaissais pas. Elle n'a plus rien d'effrayant.

De là je vais au Pincio assister du haut de
cette grande terrasse au coucher du soleil. Au
bas, la place du Peuple, puis la ville, ses monuments, Saint-Pierre; au loin, la campagne. Vue

souvent décrite et qu'on ne se lasse pas d'admirer.

Je me fais conduire chez Castellani, le célèbre bijoutier ; je monte ensuite chez son frère, l'antiquaire. Celui-ci ne daigne pas m'ouvrir. Il a ses heures. Riche aujourd'hui, l'ambition l'a mordu ; il est devenu publiciste. Il rêve un rôle politique. Déjà même il en joue un et des plus mauvais.

Il est une école de sinistres coquins qui songent à faire sauter Saint-Pierre et le Vatican par la dynamite. « Le nid abattu, les oiseaux n'y reviendront plus », disent-ils.

Je ne sais pas si Castellani est de cette force, mais il n'a pas craint de déclarer ces jours-ci, dans un de ses derniers articles, que « la papauté et la monarchie sont deux œufs sur le plat qu'il « convient de manger ensemble [1] ».

Plusieurs cardinaux se rendent ce soir à l'ambassade française. Un cérémonial bizarre veut que deux serviteurs aillent les recevoir au bas de l'escalier avec de grands candélabres allumés à la main et les accompagnent ainsi jusqu'aux portes des salons.

On sait que depuis l'annexion de Rome la société est profondément divisée. La vieille aristo-

---

1. Castellani n'aura pas vu ses espérances se réaliser ; il vient de mourir.

cratie romaine est restée fidèle au Vatican. Très
peu de ses membres se sont ralliés au Quirinal.
La scission est absolue entre les deux partis; aucun rapport, nul échange de politesse. Cependant,
depuis quelque temps, ils se rencontrent, sans se
saluer, sur le terrain neutre des ambassades. Est-
ce un commencement de détente? On ne le pense
pas.

Trop fatigué, je n'ai pas le courage d'aller à
cette réception. Et d'ailleurs cette course rapide
que je fais à travers l'Italie m'interdit certaines
relations du monde.

MERCREDI 18. — B... entre chez moi la
figure bouleversée. Il a été malade cette nuit; une
crise aiguë de l'estomac. Le brave homme est in-
quiet, il veut un médecin. Justement, la veille, de
S... m'avait parlé du docteur X.., qui soigne
Mlle de... Je l'envoie chercher.

Aujourd'hui courses de chevaux. A cette occasion, le comte... vient déjeuner à l'hôtel avec
un certain nombre de jeunes gens, parmi lesquels
se trouve O..., que j'avais déjà aperçu à Naples.
Le soir, cette même compagnie reviendra dîner,
après la table d'hôte, à notre propre table, dont on

ne changera pas les nappes, avec deux ou trois
femmes en blanc troussées comme les mariées du
samedi au bois de Boulogne. Ils ne me voient
pas, je les évite.

Palais Rospigliosi. — Le jardin de la terrasse
embaume. Je passe devant des touffes de ré-
séda et sous des orangers pour aller au pavillon
où se trouve la très célèbre fresque (plafond) de
Guido Reni, un des chefs-d'œuvre de l'école bolonaise : *l'Aurore, Apollon sur son char, entouré
des Heures.* C'est incontestablement bien, et cependant il y a des tons crus et faux, et le dessin
est loin d'être irréprochable.

Palais Borghèse. — Vaste et beau palais de
forme inégale. Superbe cour entourée de portiques soutenus par 96 colonnes de granit, doriques
au rez-de-chaussée, et corinthiennes à l'étage supérieur. Palais commencé par le cardinal Dezza,
en 1590, sur les dessins de Martino Lunghi le
Vieux, et terminé en 1590 par Flaminio Ponzio.
Dans la cour, quelques statues colossales.

Au premier étage, perspective ménagée dans les
appartements d'une fontaine placée de l'autre côté
de la rue. Pur enfantillage.

Au rez-de-chaussée, sous les portiques, la galerie. Galerie sérieuse, où l'on peut longuement admirer.

Et d'abord du Titien : *l'Amour sacré et l'Amour profane*, que l'on pourrait tout aussi bien appeler : *la Femme nue et la Femme habillée auprès d'un puits.* Quelle admirable chose ! La tapisserie si connue des Gobelins en est une belle copie.

Raphaël : Portrait de *César Borgia*, fausse attribution ; *un Cardinal* ; une *Sainte Famille* ; *Mise au tombeau*, un de ses premiers tableaux, sentant l'influence du Pérugin.

Jules Romain : *Jules II*, copie de Raphaël ; la *Fornarina*, copie de Raphaël ; un *Saint Jean-Baptiste*, copie de Raphaël, rappelant le tableau du Louvre.

Francesco Francia : *La Vierge et l'Enfant Jésus.*

Garofalo : *Descente de croix.*

Corrège : *Danaé*, tableau bien connu, très fatigué.

Bronzino : *Cosme Ier*, portrait.

Andrea del Sarto : *Sainte Famille*, fatiguée ; une autre en meilleur état.

Dominiquin : la célèbre *Sibylle de Cumes* ; la non moins célèbre *Chasse de Diane !* Célèbres, ces deux tableaux ?... Soit.

Ribera : *Saint Stanislas et l'Enfant Jésus* ; bon.

Van Dyck : *Mise au tombeau,* tableau poussé au noir et qui a souffert.

Retourné voir les sculptures du Vatican; entré de nouveau à Saint-Pierre.

Passé à l'hôtel pour savoir ce que fait B...; il est toujours dolent. Le médecin n'a pas encore paru, je cours chez lui; il me promet de venir vers six heures. Je vais chez d'E... le prier de remettre à demain notre visite à Villéguas.

Je retourne à l'hôtel; le docteur arrive.

J'assiste à la plus consciencieuse des consultations. Il fait déshabiller B...; il le palpe, il l'ausculte, il l'interroge... Il réfléchit, puis recommence. Je ne laisse pas que d'être quelque peu surpris. Mais B... est ravi, il se prête à tout avec conviction, jamais médecin ne l'a examiné avec tant de soin; il regrette que le docteur X... n'habite pas Paris, il ne s'adresserait qu'à lui. Il me le répétera souvent par la suite.

Le docteur se prononce : Hypertrophie du cœur et une angine de poitrine causée par l'abus du tabac. Plus de tabac, ou c'est la mort. B... accepte cette sentence; il ne fumera plus; on n'est pas plus docile [1].

---

1. Le docteur X. m'avait fait l'effet du médecin *Tant pis.* Ses craintes étaient malheureusement fondées. A

Je sors avec le docteur, il va chez Mlle de ***, je l'accompagne pour avoir des nouvelles.

J'avais remarqué, à l'angle des murs, à un mètre du sol, des plaques de marbre indiquant le niveau d'une inondation du Tibre. Arrivés rue Borgognona, je désigne une de ces plaques au docteur.

«Oui, fait-il brusquement, le même jour, en 1870, nous avons été inondés, à la fois, par le Tibre et les Piémontais!»

Je ne m'attendais pas à cette boutade.

Le mot me peignait l'homme et me permettait de le juger. Je le pousse, et il n'hésite pas à me parler franchement.

Il me fait d'abord, en termes indignés, la plus triste peinture de la population romaine. Je me récrie, mais il poursuit:

«Nulle part, même chez vous, — je salue, — la révolution idiote et athée ne fait autant de ravage qu'à Rome. Les articles de notre presse intransigeante égalent, s'ils ne les dépassent, toutes les infamies qui s'impriment à Paris.»

Il avait raison; l'article de Castellani que j'ai cité plus haut en est la preuve.

---

peine de retour en France, ce brave et excellent B... subissait une nouvelle crise et ne tardait pas à succomber.

« Ce n'est pas la liberté que nous avons, reprend le docteur, mais la licence la plus effrénée On ne peut sortir un jour sans être scandalisé par les enterrements civils. Rome est devenue la ville privilégiée de ces enfouissements... Tenez, j'aime les Français. C'est auprès des chirurgiens du corps d'occupation que j'ai fait mes premières études médicales en 1854. Eh bien! permettez-moi de vous le dire, l'occupation française nous a été funeste. Ce sont vos officiers qui ont commencé à jeter dans notre population les germes de cet athéisme qui nous envahit aujourd'hui. Leurs plaisanteries sur la Vierge et les saints ont porté leurs fruits, et le terrain était malheureusement bien préparé lorsque les Piémontais sont venus nous inculquer leurs idées libérales. Et elles ont si bien fructifié, ces idées libérales, qu'à leur tour elles ont donné naissance à notre école révolutionnaire, qui en veut aussi bien au roi qu'au saint-père! » Et, revenant à son idée première : « Vous le voyez, ce n'est pas l'inondation du Tibre, en 1870, qui nous a fait le plus de mal.

— Mais, répliquai-je, la prospérité de votre pays est indiscutable. Et, sans parler de Naples, Florence, Milan, Turin, est-ce que Rome n'est pas transformée depuis 1870? 120,000 habitants de plus, une ville nouvelle, et quelle ville! Des quartiers aussi beaux que les plus beaux quartiers de Paris, l'extension de votre commerce, l'industrie qui s'implante chez vous, l'abolition du papier-monnaie, et enfin votre marine et votre armée!... Convenez-en, l'Italie se relève!

— Et l'émigration augmente, fait le docteur. Cependant, ce que vous dites est, en partie, vrai. Notre commerce et notre industrie sont prospères, nos villes s'agrandissent, nos finances s'améliorent, et elles s'amélioreraient bien plus n'étaient notre marine et notre armée. Mais nous voulons jouer à la grande nation... C'est se hâter. Notre marine coûte fort cher, et elle n'existe pas. Nous avons bien trois ou quatre cuirassés, supérieurs peut-être aux types que possèdent la France et l'Angleterre, car on s'est dit : Ne pouvant pas équiper une flotte nombreuse, ayons quelques unités de combat formidables qui, le cas échéant, puissent tenir tête à toute une escadre. Je ne sais pas si c'est bien raisonner, mais je sais bien que nous n'avons pas le personnel nécessaire pour monter et commander ces gigantesques machines. On n'improvise pas des marins.

« Quant à l'armée, on la dit supérieure à la marine ; ce n'est pas difficile. En tout cas, nos officiers ont une tenue excellente ; éduqués à l'allemande, on les prendrait tous pour des majors prussiens.

« Eh bien! la révolution sera peut-être plus forte que tous ces éléments de prospérité! Elle marche, elle grandit, et elle mettra, un jour, la monarchie sarde en péril.

— Et le Vatican?

— Le Vatican en triomphera comme toujours, sans cesser de tenir toujours le Quirinal en échec. Situation étrange! Le saint-père estime que la papauté ne peut se passer de Rome; le roi pense qu'il ne peut être roi d'Italie que s'il trône ici. Ce dualisme ne saurait s'éterniser. C'est en vain qu'on cherchera un *modus vivendi;* il faut qu'un des deux pouvoirs disparaisse. Et, détail qui a son importance, le roi ne craint rien tant qu'une chose : c'est qu'un beau jour le pape ne sorte du Vatican. En effet, s'il était acclamé, quel coup pour sa couronne! Au contraire, si la foule le massacrait, le sang du martyr retomberait sur la monarchie. Vous le voyez, il s'en faut que ce jeune monarque soit sur un lit de roses.

« Ah! si vous aviez en France une monarchie tant soit peu voltairienne, nos Piémontais lui demanderaient assistance, mais vous êtes aussi la Révolution. Souples et sans scrupules, oubliant le passé, ils se sont alors tournés vers l'Allemagne et ont demandé humblement à entrer dans l'alliance que contractaient la Prusse et l'Autriche.

quel titre les a-t-on admis? Voilà ce qu'il serait
éressant de savoir; ce n'est évidemment pas
un pied d'égalité. Et, le traité conclu, M. de
marck aidant, la gallophobie est venue à l'or-
du jour. Il est certain que, dans le nouveau
flit européen qui se prépare, et qui peut-être
atera prochainement, il réserve aux Italiens,
l'ont accepté, le triste honneur de commencer
feu. Ainsi, par peur de la Révolution, c'est la
erre qu'ils méditent... et la guerre contre la
ance!...

Et fussiez-vous vaincus, vous reprendrait-on
e, la Savoie, la Corse... et la Tunisie! — mi-
num de leurs revendications. — Si par tant de
toires la Révolution jacobine était réduite au
nce en Italie, il n'en resterait pas moins le
e, qui ne se taira jamais, lui!... N'oubliez pas
not de Pie IX :

Dans l'avenir, disait-il, quand on ne se sou-
iendra plus du nom de Napoléon, il y aura
ujours ici un vieillard habillé de blanc. »

— Et, comme conclusion : « Vive la
n! » m'écriai-je. »

Nous nous séparâmes; le docteur était arrivé à
orte de Mlle de..., il ne m'apprenait rien; cela
it tout haut d'un bout à l'autre de la jeune
lie.

JEUDI 19. — Ce matin, le docteur a trouvé B... en meilleur état; il ne reviendra pas.

Le Vatican. — Dernière visite au Vatican. Une foule de formalités pour obtenir de visiter le cabinet des masques. J'y renonce.

Je vois, cette fois, la bibliothèque; l'ornementation de ces salles, — fresques à la Pompéi, — est hideuse. Puis le musée égyptien fort complet. Au musée étrusque : terres cuites, vases, imitation d'une chambre sépulcrale étrusque.

...La collection des bronzes, intéressante même après le musée de Naples; un lit funéraire, un char, une belle statue et des statuettes dans des vitrines, le tout en bronze.

Je remonte aux *stanze* de Raphaël, aux loges, à la galerie de peinture.

Je termine par la Sixtine : même émerveillement, on sort de là écrasé.

Saint-Pierre. — Dernière visite à Saint-Pierre. Il est sûr que l'on s'habitue à ce gigantesque monument et qu'il se fait pardonner bien des choses.

Villa Borghèse. — Villa Borghèse, hors des

murs, près de la porte *del Popolo* et dominée par le Pincio. Ces allées, ces pelouses, rien de tout cela n'est bien tenu. Pas une corbeille de fleurs. C'est mesquin auprès de nos squares de Paris. Un pont jeté du Pincio à la villa ferait de ces deux parcs une superbe promenade.

Je retourne à l'hôtel prendre B... pour le mener chez d'E... Celui-ci nous attendait, et, avec son amabilité ordinaire, il fait à B... les honneurs de son atelier.

Il nous conduit ensuite chez Villéguas, homme d'un incontestable talent.

Son grand tableau : *Le Triomphe de la Dogaresse*, sujet étrange et bien composé, tout de plein air. Villéguas se prend là corps à corps avec les plus grandes difficultés. En triomphera-t-il ? Le tableau n'est pas assez avancé pour le décider.

La *Mort de la Spada ;* tableau de 1m5o, bien composé, bien peint, impressionnant. On y retrouve un peu trop l'élève de Fortuny. La *cuadrilla*, consternée, entoure le moribond. Je nomme les *toreros* que je reconnais, ce qui enchante Villéguas. Il veut refaire ce tableau grand comme nature. Il a peut-être tort.

L'Enterrement du pauvre et l'Enterrement du riche ; effet superbe et excessivement dramatique. Je promets à cette toile un grand succès.

Villéguas veut faire à Paris une exposition de ses œuvres au mois de mai prochain 1884.

J'allais oublier de parler de ses aquarelles qui sont de premier ordre.

Nous reconduisons d'E... place Colonna, au cercle de la chasse.

B... va de son côté; je m'arrête via Condotti, chez le bijoutier Freschi, à qui j'achète quelques-uns de ces bijoux mis à la mode par Castellani.

———

VENDREDI 20. — Depuis mon arrivée à Rome, je n'ai pas cessé d'être sous l'influence de son détestable climat. Je ne me soutiens qu'en prenant du quinine matin et soir. Nuit mauvaise; je me suis en outre enrhumé. Une dépêche de B... m'annonce la mort de mon pauvre ami de N... Quel coup inattendu! J'en suis navré.

Je ne sors pas de la journée; je reste étendu avec la fièvre. Un orage, pluie abondante, il fait froid. Vers cinq heures, je vais en voiture fermée à l'ambassade pour voir de S..., je ne le trouve pas. En rentrant je passe par le Panthéon. J'y entre; j'en fais une dernière fois le tour; la pluie tombe par l'unique ouverture de la coupole, elle arrive en brouillard sur le sol.

Je rentre, je ne dîne pas... Un bouillon seulement.

————

SAMEDI 21. — Je vais mieux de mon rhume, mais toujours un peu de fièvre, je ne compte guère sortir.

Je devais déjeuner chez Mme d'E..., je me fais excuser et je vais la voir à une heure pour prendre congé.

Je sors avec d'E... et je le ramène à son atelier. Nous nous disons au revoir à Paris.

Je me fais conduire à la villa Médicis pour voir l'exposition des envois de Rome. C'est faible. Une pareille exposition discrédite l'institution et donne raison à ceux qui l'attaquent.

La Villa Médicis. — Les peintres :
Schommer : *Édith à la recherche du corps d'Harold.* Immense toile. Champ de bataille, avec trois personnages plus grands que nature.

Doucet : Un *Ave.* Venir à Rome pour se souvenir de Bastien Lepage !... Cependant la tête de la Vierge est bien.

Bramtot : *Job*, tableau de chevalet; esquisse. Une copie d'une partie de la fresque d'Héliodore. *Le Pape Jules II porté en chaise.* Bonne copie.

Les sculpteurs :

Peynot : *Un Soldat couché mourant.* Plâtre très bien modelé ; rien de personnel.

Labatut : Grand bas-relief, plâtre. *Mercure remettant à Páris la pomme de discorde.* Beaucoup de talent. Pas assez de simplicité dans le dessin, et la tête de Pâris mal attachée.

La saison dans le sud et à Rome prend fin en avril. On remonte alors vers la haute Italie. J'en aurai la preuve à Florence, Venise, Milan... où il y aura foule. Quitter Naples et Rome au moment même où la nature devient si belle ! Ici, les principaux hôtels ferment en mai ; nous sommes donc les derniers hôtes de l'hôtel de l'Europe. Au reste, notre départ est décidé ; nous quittons demain Rome, le soin de ma santé l'exige... je n'ai pas cessé d'avoir la fièvre tous ces jours-ci.

Je renonce donc à revoir les environs : Tivoli, Frascati... Et puis tout est tellement en retard cette année qu'il n'y a pas encore une seule feuille aux arbres dans la campagne.

FLORENCE

DIMANCHE 22. — Partis de Rome par une pluie battante... Elle nous accompagne toute la journée et dure encore lorsque nous arrivons à Florence.

B... me fait descendre à l'hôtel de l'Europe, rue Tornabuoni. Médiocre. Quartier très bruyant. Mais nous sommes tout à côté du fameux café Doney, et la grande affaire pour B... est d'être auprès du café, où il déjeune le matin et où il va fumer et se reposer dans la journée.

A peine arrivé, la fièvre me quitte.

LUNDI 23. — Le temps est devenu clément.

Les Offices. — *Galerie degli Uffizi.* La tribune d'abord.

Les sculptures :

La *Vénus de Médicis*, de Cléomène. Entachée d'un peu de mignardise, inférieure à notre Vénus de Milo, dont le sentiment est plus simple et plus grandiose.

Appolino, statue charmante attribuée à Praxitèle ; *Arrotino* ou le Rémouleur ; les célèbres *Lutteurs* ; le *Faune dansant* ; la tête et le bras sont de Michel-Ange.

Les peintures :

La prétendue *Fornarina,* attribuée à Raphaël, admirable. Mais ce n'est certes pas la Fornarina, et jamais Raphaël n'a peint une tête avec cette ampleur, cette pâte, cette intensité de couleur. En revanche, le portrait de femme qui est de l'autre côté de la porte est bien de lui. Œuvre exquise, digne pendant de la prétendue Fornarina.

Andrea del Sarto : *La Vierge, l'Enfant Jésus, Saint Jean l'Évangéliste* et *Saint François.*

Mantegna : *Triptyque.*

Guerchin : *Sibylle Samienne.*

Michel-Ange : *Sainte Famille.*

Raphaël : *La Vierge au Chardonneret ;* la *Madone du Puits ; Saint Jean prêchant dans le désert ; Jules II*, une copie sans doute.

Titien : la célèbre et admirable *Vénus couchée,*

à comparer comme sentiment avec la Vénus de Médicis.

L'œuvre de l'artiste grec est chaste, celle du peintre chrétien lascive.

Cette petite salle octogone si justement fameuse, est indigne des chefs-d'œuvre qu'elle contient.

Mal décorée, mal éclairée, aucun de ces tableaux n'y est dans son vrai jour; trop exiguë, le recul n'est pas possible. Rien aussi n'est plus malencontreux que d'avoir dressé là sur leurs piédestaux ces admirables statues.

Elles gênent l'œil quand on s'éloigne des tableaux, et réciproquement les tableaux et leurs cadres dorés leur font un fond détestable et rompent désagréablement l'harmonie des lignes et des contours. Quelle réforme à faire! mais il est convenu que c'est bien ainsi !

Salles de peinture des écoles toscane, française, allemande, flamande, vénitienne.

Je les vois rapidement, j'y reviendrai.

Salle des bronzes antiques : l'*Idolino*, et dans des armoires vitrées des statuettes, ustensiles, lampes, aigle romaine, etc...

La salle de la Niobé. Groupe de la *Niobé* et de ses enfants.

La salle des Inscriptions. Beau groupe de *Bacchus* et d'*Ampelos*; deux Vénus. Bustes :

Scipion, Solon, Anacréon, Démosthène, Aristo-
phane, Cicéron...

Le cabinet de l'Hermaphrodite : L'*Hermaphrodite*, partie inférieure restaurée; *Ganymède et
l'aigle*, charmante statuette, restaurée par Cellini;
tête célèbre d'*Alexandre mourant ; Enfant à
l'oie; Hercule enfant étouffant le serpent*...

Cabinet des Camées. Collections nombreuses de
camées et intailles antiques et modernes, nielles,
émaux, verres... la célèbre *Paix*, nielle, de Maso
Finiguera, importateur ou même l'inventeur
de la gravure sur métal, en Italie, mort en 1480;
masque en plâtre du Dante, moulé sur le cadavre. Petite esquisse en cire du Pensieroso. Première pensée.

Salle des portraits. Portraits des peintres, peints
par eux-mêmes. Amusant.

Cabinet des médailles. Belle collection.

Cabinet des gemmes. Quatre colonnes en albâtre oriental, quatre en vert antique.

Dans des armoires, nombreux objets en pierre
dure ou en pierre précieuse; d'aucuns d'un beau
travail.

Corridor. — L'escalier conduisant au fameux
Corridor que je ne connaissais pas, et qui fait
communiquer les *Uffizi* avec le palais Pitti.

Ce corridor, long de 600 mètres, traversant l'Arno et passant au-dessus des toits des maisons, pareil à celui qui relie le Vatican au fort Saint-Ange à Rome, fut construit en 1564, par Vasari, sur l'ordre de Cosme I*er*.

Il permettait aux grands-ducs de communiquer à couvert avec les *Uffizi* et le *Palazzo Vecchio*. Aujourd'hui il sert au public.

Je le prends. Les murs sont couverts d'estampes et de dessins originaux des maîtres italiens jusqu'au XVI*e* siècle, de tapisseries et d'un ramassis sans nom de portraits.

Pitti. — Galerie Pitti. Première et rapide visite :

Rembrandt : Un *Vieillard*.

Van Dyck : *Portrait de femme; Charles I*er *et Henriette de France; Madone; Repos en Égypte*.

Velasquez : Portrait de *Philippe IV; portrait d'homme*.

Porbus le Jeune : *Portrait de jeune homme.*

Rubens : Son portrait et ceux de son frère, de *Juste-Lipse* et de *Grotius; Sainte Famille*.

Holbein : *Portrait d'homme.*

Salvator Rosa : Marine; batailles; *Tentation de saint Antoine; Conjuration de Catilina.*

Véronèse : Portrait de sa femme âgée; les *Mariés au tombeau*; *Saint Benoît*.

Titien : Portrait de l'*Arétin*; *Sainte Madeleine*; portrait du médecin Vésale; *Mariage de sainte Catherine*; la *Bella di Tiziano*; *Bacchanale*; le *Christ*.

Tintoret : *Descente de croix*; *l'Amour, Vulcain et Vénus*.

Luini : *Madeleine*.

Andrea del Sarto : *Sainte Famille*; *Madone*; *Annonciation*; son portrait et celui de sa femme; *Assomption*; *Dispute sur la sainte Trinité*.

Ghirlandajo : *Portrait de femme*.

Lanfranc : *Assomption*.

Pannigianino : *La Madone au long cou*.

Garofalo : *La Sibylle révélant à Auguste le mystère de l'incarnation*.

Murillo : *Vierge*.

Corrège : *Tête d'enfant*.

Francia : *Portrait d'homme*.

Aug. Bronzino : Portrait de *Bianca Capello*.

Pérugin : *Sainte Madeleine*; *Descente de croix*, une de ses plus belles œuvres; *Adoration de l'Enfant Jésus*.

Fra Bartolomeo : *Ecce homo*; *Saint Marc*, gigantesque figure; *Pietà*, superbe; *le Christ et les Évangélistes; Sainte Famille; Madone sur le trône.*

Fra Angelico : *Madone et Saints dominicains.*

Filippo Lippi : *Madone.*

Filippo Lippi : *Sainte Famille*, avec des anges; *Mort de Lucrèce.*

Christ Allori : *Judith tenant la tête d'Holopherne;* bien connu.

Le Poussin : *Paysages.*

Jules Romain : *Danse célèbre des Muses et d'Apollon; Vierge au Lézard,* copie d'après Raphaël.

Michel-Ange : *Les Parques.*

Raphaël : *Léon X avec les cardinaux Julien de Médicis (depuis Clément VII) et Louis de Rossi.* Le tableau du musée de Naples n'est évidemment qu'une répétition, celui-ci est l'original; l'adorable *Vierge à la Chaise;* la célèbre *Sainte Famille dell' Impannata;* la *Vision d'Ézéchiel;* la *Madone du Grand-Duc,* œuvre de sa première manière; portraits de *Jules II,* du *cardinal Bibbiena,* d'*Inghirami,* ceux d'*Angelo Doni* et *Madeleine Doni,* exécutés à vingt-deux ans; enfin la *Madonna del Baldacchino.*

Et tout au fond, dans le salon de Flore, del signore Canova : *Vénus sortant du bain;* elle aurait bien dû y rester...; et encore de lui la tête en marbre de sa statue en bronze de *Napoléon*, qui est à Milan, dans la cour du palais Brera.

Je retourne aux Offices par le même corridor. C'est plus court; mais que la longue traversée de ce corridor est ennuyeuse! Sortie sur la place *della Signoria*.

Cette place est le point central de la ville. Le portique *degli Uffizi*, le *Palazzo Vecchio*, la *Loggia de' Lanzi* et toutes les statues qui en font un musée, la fontaine de l'*Ammanati*, la statue équestre en bronze de Cosme Ier, par Jean de Bologne, le *Palazzo Uguccioni*, lui donnent un très grand caractère.

On sent que le cœur d'un peuple a battu sur cette place, et l'on y évoque facilement le passé.

Palazzo Vecchio. — Le *Palazzo Vecchio*, commencé en 1298, fut d'abord le siège du gouvernement de la République, puis devint la résidence du grand-duc Cosme.

Il domine la place par sa masse sévère, forteresse plutôt que palais, et la tour, élevée en porte à faux sur la galerie saillante, sans que la solidité en soit compromise, étonne par son élégance et sa hardiesse.

A droite de la porte, *Hercule et Cacus*, par

Bandinelli. Au coin nord, le lion de bronze, connu sous le nom de *Marzocco*.

La Loggia de' Lanzi. — D'abord tribune aux harangues du Forum florentin, elle devint ensuite le corps de garde des lansquenets de Médicis. D'où son nom.

Les arcades de ce portique ont de la grandeur et de l'élégance.

A l'entrée, deux lions; celui de droite provient de la villa Médicis à Rome; l'autre est de Flaminio Vacca.

Sous l'arcade de gauche, le fameux *Persée*, en bronze, de Cellini.

A droite, l'*Enlèvement de la Sabine*, par Jean de Bologne, et *Judith et Holopherne*, par Donatello; six statues antiques dans le fond, etc.

Je vais à pied au baptistère et au dôme, guidé par l'adorable campanile de Giotto qui se dresse devant moi. Sur sa face ouest, statues de Donatello.

Le Baptistère. — Les trois fameuses portes de bronze : celles du Nord et de l'Est, de Ghiberti, cette dernière que Michel-Ange appelait la porte du paradis; celle du Sud, par Andrea de Pise.

Le Dôme. — On vient d'en terminer enfin la

façade sous la direction de l'architecte de Fabris, mort récemment sans avoir inauguré son œuvre. Ce qu'elle sera?... je n'en peux pas juger, les échafaudages ne sont pas encore enlevés.

L'intérieur de l'église en réparation. Dans l'abside : *Saint Jean,* par Donatello.

Derrière le maître-autel : *Pietà,* groupe en marbre, par Michel-Ange, non terminé.

Dans le transept de gauche, méridienne tracée, en 1469, par Toscanelli, médecin et mathématicien.

Nef de droite : Monuments de Brunelleschi et de Giotto. Au-dessus de la porte de la sacristie : *Ascension,* terre cuite de Luca della Robbia.

La coupole : la plus grande des coupoles connues. On sait tous les déboires qu'eut à subir Brunelleschi avant d'en commencer la construction et même pendant le cours des travaux.

Elle est double, c'est-à-dire formée de deux coupoles destinées à donner à l'extérieur un galbe différent de celui de l'intérieur.

Innovation copiée par Michel-Ange à Saint-Pierre de Rome et qui a fait école. Diamètre, 46 mètres; circonférence, 141^m60; hauteur jusqu'à l'extrémité de la croix qui surmonte la boule, 114^m84.

Le diamètre de la coupole du Panthéon d'Agrippa, qui est supérieur au diamètre de la coupole de Saint-Pierre, mesure 42^{m}87, et le diamètre de la coupole de nos Invalides 24^{m}36 seulement. Qu'on juge de la différence.

La forme en ogive de sa coupole fut imposée à Brunelleschi par la forme ogivale du monument. Dépourvue de tout ornement, c'est plutôt un ouvrage de construction.

Le temps est devenu beau ; je prends une voiture ouverte et je commence la visite des églises.

San Lorenzo. — Monument dû à la munificence des Médicis, encore simples particuliers, et à la science de Brunelleschi, le père de l'architecture de la renaissance en Italie.

D'abord la nouvelle sacristie, sanctuaire qui renferme les tombeaux des *Médicis,* par Michel-Ange. Le *Pensieroso* (Jules II de Médicis) : à ses pieds, le *Crépuscule* et l'*Aurore; Julien II, avec le Jour et la Nuit.* Pourquoi ces dénominations de jour, de nuit, de crépuscule?... Qu'importe ! Ici tout est puissance, originalité, science, grandeur, force, génie... Chefs-d'œuvre, chefs-d'œuvre!...

De Michel-Ange encore, dans une niche, *la Vierge et l'Enfant,* accostés de deux figures qui ne sont pas de lui.

Chapelle des Princes. — Les murs sont revêtus de pierres dures et de marbres précieux qui anraient coûté 25 millions.

Sur le tombeau de *Cosme II*, sa statue en bronze, par Jean de Bologne ; à côté, tombeau et statue en bronze doré de *Ferdinand Ier*, par Tacca.

J'entre dans *San Lorenzo*. Deux chaires en bronze avec bas-reliefs attribués à Donatello.

Ancienne sacristie, construite par Brunelleschi, etc., etc.

San Michele. — Édifice gothique, carré, construit en 1284 pour servir de halle aux grains. Quelle halle ! Incendié et reconstruit en 1337 par Taddeo Gaddi.

Les statues de l'extérieur sont estimées les meilleures parmi les productions de la vieille école florentine.

Les principales sont :

Façade E. : *Saint Luc*, par Jean de Bologne ; *Saint Jean-Baptiste*, par Ghiberti, etc. — Façade N. : *Saint Pierre,* par Donatello.—Façade O. : *Saint Étienne*, par Ghiberti ; *Saint Mathieu*, en bronze, par Michelozzo-Michelozzi. — Façade S. : *Saint Jean évangéliste,* par Baccio da Montelupo ; le célèbre *Saint Georges*, de Donatello, et *Saint Marc*, du même.

A l'intérieur, beau tabernacle, de style gothique, en marbre blanc, par Andrea Orcagna.

Santa Annunziata.—Sous un porche ou atrium, aujourd'hui soigneusement fermé par de grandes portes vitrées, des fresques remarquables de Rosso et d'Andrea del Sarto.

L'église : elle est élégante. Dans la nef un riche soffite doré.

Le cloître : rien à signaler ; mais, sur la porte qui mène à l'église, la fresque d'Andrea del Sarto, la *Madonna del Sacco*, un chef-d'œuvre !

Santa Croce. — Le Panthéon de Florence, rempli de tombeaux de personnages illustres.

Façade en marbre de couleur, terminée en 1865 d'après un dessin de le Cronaca.

L'intérieur fut dévasté par Vasari qui, entre autres choses, avait fait couvrir les fresques de Gaddi, de Giotto et d'Orcagna par un épais badigeon. On l'enlève peu à peu et on retrouve aujourd'hui les anciennes peintures.

Chapelle des Baroncelli : les meilleures fresques de Taddeo Gaddi ; *Couronnement de la Vierge*, de Giotto.

Dans la chapelle Perruzzi et dans celle à droite du chœur, encore des fresque de Giotto.

Derrière le maître-autel, fresques d'Agnolo Gaddi.

Dans le transept de gauche : chapelle Niccolini : *Couronnement de la Vierge,* par Bronzino.

Chapelle Bardi : *Crucifix,* de Donatello.

Principaux monuments : de *Michel-Ange,* dessiné par Vasari, d'un goût singulier; d'*Alfieri,* par Canova; de *Galilée,* par Foggini; de *Machiavel,* par Spinazzi; un très médiocre monument à la mémoire du *Dante,* par Ricci; du graveur *Raphaël Morghen,* etc., etc... Un autre enfin à la mémoire de *Cherubini;* la tête ne ressemble pas.

Santa Maria Novella. — L'église préférée de Michel-Ange, commencée en 1279, terminée en 1857. Vasari fit encore couvrir ici de chaux les charpentes et les fresques des murs. On les découvre aujourd'hui, et naturellement il faut les restaurer.

Au-dessus du portail, un crucifix grand comme nature peint et attribué à Giotto. A droite du portail, fresque de Masaccio, le *Christ en croix, la Vierge et Saint Jean-Baptiste.*

Transept de gauche :

Chapelle Rucellai : la célèbre *Madone* de Cimabue que le peuple porta en triomphe de l'atelier du peintre jusqu'à l'église.

Le chœur entièrement peint par Domenico Ghirlandajo (1490), monument important de l'art italien. Chapelle des Gondi : le célèbre crucifix, grand comme nature, sous verre, de Brunelleschi, fait après sa dispute avec Donatello au sujet de son *Christ crucifié* que je viens de voir à Santa Croce. Chapelle Strozzi : *Le Jugement dernier*, fresque d'Andrea Orcagna, etc., etc...

Le cloître vert, attenant à l'église, peintures en camaïeu, exécutées en 1396-1479 avec de la terre verte, par Dello et Paolo Ucello.

A côté, la chapelle des Espagnols, très intéressantes fresques, attribuées à Taddeo Gaddi.

A la suite, le grand cloître, le plus vaste cloître de Florence, aujourd'hui une caserne. Les Dominicains ont fait place à l'armée.

En ce moment, les soldats y font des armes, assez mal du reste. Je m'arrête quelques minutes pour les regarder faire assaut.

Un peu fatigué, il y a de quoi, j'ai besoin de prendre l'air et je me fais conduire aux Cascine.

Les Cascine. — Je suis ces nouveaux quartiers qui s'étendent aujourd'hui jusqu'à l'entrée des *Cascine*, à présent place Vittorio-Emanuele. C'est vraiment beau. Et sur les quais de Lung Arno prolongés, les hôtels de la Paix, de la Ville, d'Italie, ayant tous bonne apparence. C'est là que nous aurions dû descendre.

Où sont les beaux jours du temps du grand-duc? C'était l'heure où chacun courait au fameux rond-point. Toutes et tous étaient exacts.

Que sommes-nous devenus les uns et les autres? Mesdames, a-t-il autant neigé sur vos fronts que sur le mien? J'évoque en vain tout ce brillant passé!... La nuit survient, avec elle un brin de mélancolie.

———

MARDI 24. — Le temps s'est de nouveau mis à la pluie, elle durera toute la journée. Je prends une voiture fermée.

Le Bargello ou palais du podestat. Je n'en avais conservé qu'un vague souvenir. Le plus ancien palais de la ville. Construit en 1256, fortifié en 1317. La grande salle servait de réunion au Conseil de la Commune; au rez-de-chaussée se trouvaient les prisons et les chambres de torture. Plusieurs fois restauré, on y a installé aujourd'hui le musée national.

A l'extérieur, masse lourde, imposante. A l'intérieur, cour très pittoresque avec porches sur trois côtés, un puits avec margelle au milieu de la cour ; un bel escalier extérieur conduit au premier.

Au rez-de-chaussée, malheureusement obscur, intéressante collection d'armes. J'y vois un énorme et magnifique canon de bronze aux armes des Médicis. Je le mesure : il a près de 5 mètres de long et le diamètre de la gueule dépasse 0m30. Ce sont presque les dimensions des canons de nos grands cuirassés d'escadre.

Quel monstre pour l'époque ! Son boulet en pierre à côté.

Au premier, dans le vestibule, une cloche du XIIIe siècle.

Dans deux salles consécutives : belles faïences d'Urbino, de Gubbio (1500), de Faenza, de Montelupo... Collection de cristaux de roche, ouvrages en ambre, en ivoire. Entre autres, un *Saint Sébastien,* par Jean de Bologne, deux triptyques, par Orcagna, sièges, meubles anciens... Le tout bien disposé dans d'élégantes vitrines. On dirait un coin de notre musée de Cluny.

La chapelle où les condamnés passaient leurs derniers moments ; fresques endommagées de Giotto et de Ghirlandajo.

Dans la petite sacristie : fresques attribuées à Cimabue et à Gaddi.

La grande salle : vastes dimensions, voûte très élevée. Le long des murs, statues de marbre.

Rossi : les *Travaux d'Hercule,* en plusieurs groupes.

Donatello : *Danse de trente génies; Saint Jean enfant; David vainqueur de Goliath.*

Jean de Bologne : *La Vertu triomphant du Vice.*

Bandinelli : *Adam et Ève.*

Luca della Robia : *Enfants chantant et dansant* (bas-reliefs).

Michel-Ange : *Bacchus ivre,* qu'il exécuta à vingt et un ans; *la Victoire et un prisonnier* (ébauche); *Adonis mourant,* etc., etc...

Les salles de bronze. Saluons !... Les statues en bronze les plus célèbres de la vieille école florentine.

Jean de Bologne : sa statue si connue de *Mercure s'élançant dans l'espace; Apollon;* deux portraits; une fontaine; *Vulcain, Thétis et Vénus,* et de son école, *Junon.*

Andrea Verocchio : *David,* d'un caractère si archaïque; buste de *Michel-Ange.*

Donatello : sa célèbre statue de *David vainqueur;* un petit bas-relief, *le Triomphe du vin.*

Candido de Bruccia : *Mercure.*

Brunelleschi et Ghiberti : leurs bas-reliefs de concours pour les portes du Baptistère.

Cellini : sa première pensée du *Persée* (ébauche en cire); buste colossal de *Cosme Ier*.

Et au second étage :

Donatello : *Saint Jean-Baptiste exténué par le jeûne.*

Michel-Ange : *Apollon*, statue en marbre, ébauche; *la Vierge, Jésus et saint Jean*, marbre, bas-relief inachevé; masque de *Satyre*. marbre, premier ouvrage du maître à l'âge de quinze ans; bustes de *Machiavelli* et de *Brutus; Léda*, marbre, groupe érotique!

Luca della Robbia : *Mort de saint Pierre.*

Jacobo della Quercia : *Enfant portant des guirlandes.*

Sansovino : *Bacchus et un Satyre.*

Andrea Verocchio: *Lucrèce Tornabuoni,* morte en couches.

Benedetto da Ravezzano : cinq bas-reliefs d'une exécution étonnante, etc., etc...

Dans diverses salles : *Une Descente de croix*, fresque, par Ghirlandajo. Portraits de personnages célèbres, par Andrea del Castagno. Terres cuites, de della Robbia. Modèle de la statue colossale de l'*Apennin*, à Pratolino, par Jean de Bologne. Tapisseries des XVIe et XVIIe siècles, ces dernières de l'école française. Vitraux, crosses, chasubles, etc., etc... Meubles du XVIe siècle; collection de sceaux et collection de monnaies de la Toscane depuis l'an 1200 jusqu'à nos jours.

En somme, le Bargello est une des merveilles de Florence.

Académie des Beaux-Arts. — Au rez-de chaussée on a réuni tous les moulages en plâtre de l'œuvre de Michel-Ange. C'est une heureuse idée. Au milieu, le *David* en marbre qu'il exécuta à l'âge de vingt-huit ans, et qui se trouvait autrefois devant le *Palazzo Vecchio*.

Salle des grands tableaux.

Cimabue : *La Vierge, l'Enfant Jésus, Anges et Prophètes.*

Giotto : petits sujets de *la Vie de Jésus-Christ ;* dix sujets de *la Vie de saint François ; la Vierge sur un trône*, anges et saints.

Fra Angelico : *Descente de croix.*

Filippo Lippi : *Madone et Saints ; Couronnement de la Vierge.*

Andrea del Verocchio : *Baptême de Jésus-Christ.*

Mariotto Albertinelli : *Sainte Trinité.*

Pérugin : *Jésus-Christ sur la croix ; Pietà ; Assomption,* très importante toile.

Fra Bartolomeo : plusieurs figures de saints.

Aug. Bronzino : portrait de *Bianca Capello*, son plus grand portrait, grand comme nature, avec les mains; robe de velours noir garnie de perles au cou et au corsage.

San Marco. — San Marco et son couvent de Dominicains, appelé aussi *Musée de San Marco.* Pourquoi ? Est-ce parce qu'on en a chassé les moines ?...

Le grand souvenir de Savonarole peuple ces murs. Mais là n'est pas le seul intérêt.

Le cloître se compose d'un rez-de-chaussée et d'un étage sous les combles.

Au rez-de-chaussée, le grand cloître. Au-dessus de quatre portes, fresques de Fra Angelico.

Dans la salle du Chapitre, grande fresque très intéressante de Fra Angelico : *Le Christ, les Deux Larrons,* saints et saintes.

Dans le grand réfectoire, grande fresque de Fra Bartolomeo : *Repas des Dominicains;* deux anges leur apportent des pains dans des corbeilles.

Dans le petit réfectoire, grande fresque de Dom. Girlandajo : *La Cène.* Adorable composition.

Petit cloître, rien à voir.

Premier étage. La disposition de cet étage est

particulière. Nous sommes sous les combles mêmes. Deux rangées de cellules voûtées prennent jour par d'étroites fenêtres, les unes sur la cour, les autres sur la rue. Le corridor où donnent toutes les portes est sans plafond; on a directement au-dessus de la tête les charpentes de la toiture.

Ces cellules sont au nombre de trente-cinq; chacune d'elles possède une fresque charmante de Fra Angelico et de ses élèves. Malheureusement, il vient si peu de jour par les fenêtres, qui sont plutôt des lucarnes, qu'on les voit fort mal.

En outre, dans une de ces cellules, on conserve des manuscrits de saint Antoine et son portrait par Fra Bartolomeo. Trois autres cellules contiennent trois petites peintures ravissantes de Fra Angelico : *La Madonna della Stella*, *le Couronnement de la Vierge*, et enfin *la Vierge et saint Joseph*. Elles ornaient le tabernacle de l'autel à Santa Maria Novella.

Une dernière cellule renferme *l'Adoration des Mages*, par Fra Angelico.

A l'extrémité du dernier couloir se trouve l'appartement de Savonarole, composé de deux cellules et d'un oratoire. On y voit d'abord son portrait, peint par Fra Bartolomeo, et ensuite ses livres de prières, son cilice et des objets de corps lui ayant appartenu. Sur le mur, un assez mauvais tableau du temps représentant très exactement son supplice sur la place della Signoria.

Dans l'oratoire, je vois une terre cuite, copie fort bonne, du reste, du buste de *Girolamo Benivieni,* par Giovanni Bastianini, dont l'original est au Louvre. C'est ce buste acheté sous l'empire comme une œuvre du temps qui fut payé quatorze mille francs!... On se rappelle le bruit que fit cette acquisition. Giovanni Bastianini est mort dans la misère.

Pourquoi cette copie est-elle là?... Les custodi n'en savent rien. Réflexion faite, l'un d'eux me dit qu'il pensait qu'elle était à vendre.

Dans la bibliothèque, précieuse collection de livres choraux et de beaux manuscrits provenant des couvents supprimés.

C'est dans une partie de ce couvent que François de Médicis établit en 1582 l'Académie della Crusca.

Je vais revoir la chapelle des Médicis et la chapelle des Princes.

Je retourne aux Offices. De nouveau, la tribune et les écoles toscane, française, flamande, allemande. Rien de très saillant à citer de ces diverses écoles; mais de l'école italienne :

Léonard de Vinci : *Tête de Méduse; Adoration des Mages* (ébauche).

Fra Angelico : *Mariage* et *Mort de la Vierge*.

Aug. Bronzino : *Bianca Capello* (la tête seulement) et plusieurs autres portraits.

Bronzino : *Jésus-Christ aux limbes*, avec Bianca Capello, demi-nue dans le bas du tableau (grandeur nature).

Fra Bartolomeo : *La Vierge et des saints*.

Ghirlandajo : *Saint Zanobi*.

M. Albertinelli : *Visitation*, etc., etc...

En sortant, assailli par un magnifique orage ; je me réfugie chez un photographe, où je fais un choix des photographies qui me manquent.

Ce temps si anormal pour la saison me décourage ; j'abrège mon séjour à Florence et je renonce à revoir Pise. Je me rendrai directement à Bologne.

———

MERCREDI 25. — Fortes ondées avec des éclaircies. Il n'importe ! Je monte en voiture, je veux aller encore aux *Cascine*, de vieux souvenirs m'y attirent. J'y fais une longue promenade. Voici le rond-point, le fameux rond-point et la vacherie, le champ de course, le tir national, etc., etc... Mais tout cela est considérablement embelli. Le fâcheux est que ce parc soit tout en longueur. Je reviens par l'allée qui borde la rivière; l'Arno, qui hier encore était à peu près limpide, est aujourd'hui jaune et bourbeux. Il a dû pleuvoir beaucoup dans la montagne.

Dernière visite au Pitti. Promenade dans le jardin Boboli, la pluie m'en chasse. J'ai eu à peine le temps de revoir la grotte qui renferme les statues ébauchées par *Michel-Ange*, de monter à l'amphithéâtre, en passant devant le grand bassin de l'Isoletto, où s'élève la statue de *Neptune*, par Jean de Bologne, et de contempler du haut des terrasses, au pied de la statue de l'*Abondance*, toujours par Jean de Bologne, l'admirable vue de Florence.

Il Carmine. — Je cours à l'église d'*Il Carmine* admirer les célèbres fresques de Masolino da Panicale, de Masaccio et de Filippino Lippi dans la chapelle des Brancacci, œuvres qui font époque dans les fastes de l'art italien, et que vinrent étudier tour à tour Pérugin, Raphaël, Léonard, Michel-Ange, etc., etc...

Le matin, nous nous étions fait nos adieux avec B...; à quatre heures, je pars pour Bologne.

BOLOGNE

La partie intéressante de cette route est la traversée des Apennins. Le chemin de fer s'élève jusqu'à une altitude d'environ 900 mètres; c'est déjà la montagne, souvent même très pittoresque.

Entre Piteccio et Pracchia, en moins d'une heure et demie, on passe sous quarante-sept tunnels, et certains d'entre eux ont de 2,000 à 3,500 mètres.

Arrivé à Bologne vers dix heures. Je suis fatigué et souffrant. Descendu à l'hôtel Brun qui fut un ancien palais avec un assez beau portique. Je me fais servir à souper.

On me raconte que la ville est en liesse parce qu'une de ces troupes allemandes que Wagner avait organisées pour l'exploitation de ses opéras parcourt triomphalement l'Italie et qu'elle est en ville. Elle traîne avec elle ses instruments de musique, ses décors, tout son matériel. Chefs d'emploi, orchestre, choristes, machinistes, etc., etc..., ils sont plus de cent cinquante! Les chefs d'emploi sont seuls descendus à l'hôtel Brun. Je pourrai les voir tout à l'heure, me dit-on, car ils vont souper dans le salon où je suis.

Ils jouent, quoi? La tétralogie des *Niebelungen.* « La musique est le plus cher de tous les bruits », disait Théophile Gautier. Qu'aurait-il pensé de celle-ci?

L'objectif de la troupe est Rome, où ils se rendent pour les fêtes du mariage du prince Thomas et de la princesse Isabelle. Décidément ce mariage allemand est la grande affaire du moment.

S'est-on assez moqué jadis du brave père Dumas lorsqu'il imagina de donner à son théâtre historique des pièces qui duraient deux soirées! Eh bien! arrive Wagner, — circonstance aggravante, un musicien! — qui, surenchérissant sur lui, fait jouer des opéras qui durent quatre soirées..., et l'on s'incline et l'on applaudit! Des chefs-d'œuvre! dit-on. Va pour des chefs-d'œuvre; mais je ne supposais pas le cerveau humain assez solidement constitué pour supporter et surtout pour comprendre de tels chefs-d'œuvre quatre soirées consécutives. Si les Allemands ont cette puissante faculté, se peut-il que les Italiens, les joyeux Italiens...

Allons, allons, il y a un brin de folie dans cet engouement.

O Rossini! ces choses se passent à Bologne, ta ville d'adoption!... Un opéra allemand quatre fois plus long que ton *Guillaume*, chanté en allemand, par des artistes allemands..., et tes compatriotes s'y pâment d'aise!...

Allons donc!... vous avez oublié le temps, aimables ingrats, où les canons allemands, chargés à mitraille et prêts à faire feu, étaient braqués jour et nuit aux carrefours de toutes vos places. Alors vous tendiez vos mains suppliantes vers vos frères les bons Français. Puis nous avons eu la sottise de vous délivrer, et votre ingratitude commença à l'heure même où Napoléon III reconnut l'impossibilité de vous conduire jusqu'à l'Adriatique. Il est vrai que l'imprudent vous l'avait promis. Le but où vous tendez est dévoilé aujourd'hui. Mais ces sentiments haineux sont-ils naturels chez vous, ou plutôt ne vous sont-ils pas inspirés par vos récents amis les Allemands? Ce serait une excuse.

—————

JEUDI 26. — Nuit mauvaise. Je suis de nouveau malade. Je me mets à la diète et ne prends qu'une tasse de thé. Je n'en continuerai pas moins mes courses.

Je n'aime pas Bologne ; Bologne m'ennuie. Des rues pour la plupart étroites et tortueuses, bordées des deux côtés de lourds portiques, utiles peut-être pour les piétons, mais qui donnent à la ville un air particulièrement monotone et triste.

Vu les deux tours penchées d'Aniselli et de Garisenda ; la place *Vittorio Emanuele*, autrefois *Piazza Maggiore* ; sur la première partie de cette place, désignée sous le nom de *Piazza Nettuno*, la *fontana pubblica,* dessinée par Lauretti. La statue en bronze, d'une grande tournure, encore par Jean de Bologne ; aux angles du piédestal quatre sirènes pressent leurs mamelles et en font jaillir l'eau ; figures quelque peu voluptueuses.

La maison de Rossini, qu'il vendit, du reste, lorsqu'il vint se fixer définitivement à Paris, et qui portait l'inscription : *Non domo Dominus, sed Domino domus.*

Académie des Beaux-Arts. — Je commence à être singulièrement saturé de peinture, et ce n'est pas l'école bolonaise qui réveillera mon enthousiasme.

Mon but, en m'arrêtant à Bologne, était de revoir la *Sainte Cécile,* de Raphaël, et la *Commu-*

nion de saint Jérôme, d'Aug. Carrache, pour la comparer de nouveau, comme je me l'étais dit au Vatican, à celle de Dominiquin.

Dominiquin s'est souvent permis des plagiats de premier ordre, où il n'a pas été également heureux. Ainsi, en voulant imiter le *Martyre de saint Pierre,* du Titien, tableau aujourd'hui brûlé, il est resté fort au-dessous du maître vénitien.

Mais on doit convenir qu'avec Aug. Carrache il l'emporte. Ici le plagiat est flagrant ; il s'est, en effet, contenté de renverser la composition, de mettre à droite ce qui est à gauche, et à gauche ce qui est à droite... Donc rien ne lui appartient, ni comme invention, ni comme ordonnance, ni même comme détail ; mais quelle supériorité dans l'exécution ! Il faut en convenir, quand le plagiat arrive à un pareil résultat, il équivaut à une création, et, ma foi, on l'absout.

La perle du Musée, la *Sainte Cécile,* de Raphaël. Est-ce véritablement une grande œuvre ? Sans doute..., et cependant la composition est sans unité d'action. Les quatre personnages placés symétriquement à droite et à gauche de la sainte ne prennent part en aucune façon au concert céleste ; ils y sont même tout à fait indifférents.

Le coloris, tel qu'il existe aujourd'hui, est brun

et rougeâtre. A-t-il été à ce point modifié par le temps? C'est peu probable.

Mais les séraphins, qui chantent et tiennent des livres de musique, sont adorables. C'est la belle partie de l'œuvre.

Il y a aussi des repeints dans le ciel, dans le cou de la sainte, dans un pan de robe... Peint sur bois, le tableau fut reporté sur toile à Paris.

En face, un admirable Pérugin: *La Vierge et l'Enfant Jésus dans le ciel*, saints et saintes sur terre, debout et priant. A Milan, au musée Brera, je trouverai dans le ravissant *Sposalizio* de Raphaël des têtes de femmes ayant avec celles-ci un grand air de famille.

On prétend bien que le *Sposalizio* lui-même n'est qu'une copie.

Francia: *La Vierge, l'Enfant Jésus* et saints.

Guido Reni: *Madonna della Pietà*, avec les saints protecteurs de Bologne. Énorme toile que je suis loin d'admirer.

Albane: *Jésus-Christ apparaît à la Vierge.*

Le Parmesan: *La Vierge, l'Enfant Jésus* et des saints, etc.

A midi et demi, départ pour Venise. Je souffre horriblement en chemin de fer; j'ai rarement eu une névralgie aussi forte; c'est à croire par instants que je vais perdre connaissance.

VENISE

A mon arrivée je trouve une bonne gondole, envoyée par l'hôtel Danieli.

En remontant le *Canal Grande*, le grand air me fait du bien, je me remets un peu. Je m'imaginais être confortablement installé chez Danieli, — je comptais sans cette émigration du sud vers le nord dont j'ai déjà parlé, — l'hôtel est comble et je n'ai qu'une assez médiocre chambre. A table d'hôte nous sommes plus de cent, et Danieli prétend que la saison n'est pas bonne, et que l'année dernière il avait plus de monde.

Les voyageurs de l'année dernière étaient à plaindre.

J'ai hâte de sortir : le quai des Esclavons, la *Piazzetta*, le Palais Ducal, le Campanile et la *Loggetta*, Saint-Marc, les Procuraties... et les pigeons! Je retrouve tout et je me retrouve à merveille...

Mes dessins et mes photographies, que j'ai si souvent consultés, m'avaient aidé à conserver de tous ces monuments un souvenir ineffaçable.

On répare les façades du Palais Ducal et de Saint-Marc. Certaines parties menaçaient ruine. Cette restauration fait honneur aux architectes qui la dirigent. Mais lorsque toutes ces mosaïques et surtout toutes ces colonnes si variées de forme et de marbre auront été redressées, grattées, polies, remises à neuf, ne sera-t-on pas arrivé à un effet désastreux pour l'œil ? Ne faudra-t-il pas les patiner habilement pour rendre à l'ensemble son ancienne harmonie ?

A gauche de la façade, sur la petite place des Lions, adossé à Saint-Marc, sous une voussure, le monument en marbre renfermant les cendres de Daniel Manin.

Après dîner je m'assieds au café Florian. Sous les arcades, les magasins sont brillamment éclairés ; malgré l'incertitude du temps et la fraîcheur de la nuit, beaucoup de promeneurs. De la gaieté sans bruit.

Mais que d'officiers, que de brillants officiers équipés à l'allemande ! Il est vrai qu'une musique militaire s'époumonne en face de Saint-Marc. Quelle musique, grand Dieu ! Encore plus détestable que les autres... Elle me fait bientôt fuir, et je songe involontairement aux excellentes musiques autrichiennes qui, jadis, jouaient à cette même place!

VENDREDI 27. — *Basilique de Saint-Marc.* — Commencée en 977, achevée en 1071. Monument d'architecture byzantine, quoique n'étant qu'une imitation indirecte du plan de Sainte-Sophie, type idéal du genre. Architectes inconnus. Sainte-Sophie, Saint-Marc, Saint-Front de Périgueux, sont les jalons qui indiquent la marche de cette forme architectonique d'Orient en Occident : les églises à coupole.

Entrée dans le péristyle par cinq portes à voussures profondes; dans les tympans et dans le péristyle belles mosaïques.

A droite : la chapelle Zeno, renfermant le tombeau du cardinal de ce nom et communiquant avec le baptistère; on la répare.

Les fonts baptismaux se composent d'un bassin en marbre surmonté d'un couvercle en bronze avec bas-reliefs du XVIe siècle et au sommet la statue en bronze de saint Jean-Baptiste. Près de la fenêtre, le tombeau du fameux Andrea Dandolo (1354), le dernier doge enterré dans Saint-Marc.

Les portes, au nombre de trois, qui, du péri-style, donnent accès dans l'église, sont en bronze niellées d'argent.

Le pavé en mosaïques du XIIᵉ siècle. Le sol s'af-faisse inégalement, et, par ses ondulations, donne à ces belles mosaïques du pavé l'aspect de tapis négligemment jetés. L'obscurité du temple ajoute à l'illusion. Mais la solidité de l'édifice n'est pas menacée; ce ne sont que les surfaces comprises entre les fondations qui se tassent sous l'action voisine de l'eau. Accident facilement réparable. Les bas côtés sont déjà en partie restaurés.

C'est vers la fin du XIᵉ siècle que fut entreprise l'ornementation intérieure de Saint-Marc; les soubassements sont entièrement revêtus de marbres orientaux, et les murs, les voûtes et les coupoles tapissés, jusque dans les coins les plus reculés, de mosaïques à fond d'or. On évalue à 5,000 mètres carrés les surfaces couvertes par ces mosaïques tant à l'extérieur qu'à l'intérieur. Nous n'en-treprendrons pas de les décrire. Titien, Porde-none, Salviati, donnèrent les dessins de celles qui furent exécutées de leur temps par les frères Zuc-cati; ce sont les plus admirées.

Transept de droite :

Une porte de style arabe (XIIIᵉ siècle) conduit à la chapelle du trésor : reliquaires, vases précieux, un siège d'évêque qu'on suppose être du Ve siècle. Somme toute, peu intéressant.

La confession, ou chapelle souterraine située au-dessous du chœur, envahie par l'eau.

Le chœur, élevé sur un soubassement de marbre, est séparé de la nef par un jubé formé de huit colonnes ; sur l'architrave quatorze statues d'apôtres ; au milieu un grand crucifix.

A droite et à gauche, deux ambons de marbre soutenus par des colonnes de marbre. A côté de ces ambons, deux petits autels, également en marbre, délicatement sculptés.

Chœur. — Maître-autel surmonté d'un baldaquin en vert antique, soutenu par quatre colonnes de marbre grec, couvertes de bas-reliefs ; ouvrage que l'on suppose être du XIe siècle. Dans l'intérieur de l'autel, le corps de saint Marc. Au-dessus de l'autel, la *Pala d'oro* : icone byzantine, peinte en émail sur des lames d'argent et d'or, ornée de perles et de pierres plus ou moins précieuses. Dimension, 1m40 de haut sur 3m50 de large. Sujets relatifs à la vie du Christ. On ne voit bien que ceux de la rangée du bas ; les autres sont hors de la portée de l'œil. Ce retable, qui aurait été commandé à Constantinople en 976, a été tellement agrandi, restauré, que son authenticité peut être aujourd'hui douteuse. Couvert par des volets de fer, on vous le montre pour 6 francs... C'est cher!

Dans les piliers supportant la coupole à droite et à gauche de l'autel, se faisant face, deux tribunes : l'une servait au doge, l'autre au Conseil des Dix.

Derrière le maître-autel, au chevet de l'église, un tabernacle en bronze supporté par quatre colonnes d'albâtre oriental translucide. La porte de ce tabernacle en bronze doré, par Sansovino.

A gauche, la merveilleuse porte de bronze de Sansovino (1556). Parmi les têtes des évangélistes et des prophètes, il a placé sa propre tête et celles de ses deux amis, Titien et Arétin!

· La sacristie : Superbes mosaïques du XVIe siècle. Élégant lavabo en marbre.

Dans le transept de gauche :

La chapelle de la Madone. Sur l'autel une image grecque très vénérée de la Vierge, acquise à Constantinople, en 1200, par le doge Henri Dandolo. Il y a toujours affluence de fidèles devant cet autel.

Au-dessus de la chapelle Saint-Isidore, la célèbre mosaïque de Salviati, représentant l'arbre généalogique de la Vierge.

Chapelle de la *Madonna dei Mascoli* (Notre-

Dame des Mâles). Sur l'autel un triptyque en marbre du XVᵉ siècle.

Dans la nef, contre un pilier, la petite chapelle du Crucifix. Colonnes en porphyre noir et blanc. Sur le mur, au-dessus, la grande mosaïque du Paradis, d'après les cartons de Tintoret.

A l'entrée, bénitier en porphyre orné de sculptures.

Je monte dans les galeries qui courent sur les arceaux jetés d'un pilier à l'autre; je contourne ces piliers et j'avance jusqu'à la coupole centrale. A cette hauteur, l'aspect de l'intérieur de Saint-Marc est encore plus saisissant. On voit de près les détails des mosaïques et l'œil plonge dans toutes les parties de l'édifice. A ce moment le soleil, prêt à se coucher, pénétrant par la rosace du fond, éclaire de ses derniers rayons les ors des murs et des coupoles. C'est un éblouissement!

Je vais, selon l'usage, sur la terrasse extérieure voir de près l'étrange façade de cette incomparable église, où l'on a mis, on ne sait pourquoi, les quatre chevaux de cuivre que l'on croit une œuvre romaine de l'époque néronienne et que nous avons, un jour, possédés à Paris, comme ils avaient figuré du temps de Constantin dans l'hippodrome de Byzance.

Ces chevaux ont joué un rôle dans l'histoire de

l'art. Ils ont été des modèles presque servilement copiés à bien des époques, et Raphaël lui-même s'en inspira lorsqu'il eut à peindre un cheval.

L'étude de la forme humaine avait dans tous les temps absorbé exclusivement les préoccupations des plus grands artistes, et il n'était jamais venu à la pensée d'un homme de génie de s'abaisser jusqu'à l'interprétation fidèle de la nature de la bête. Excepté les chevaux dont Phidias a orné les métopes du Parthénon, tout ce que nous a laissé l'antiquité, en fait d'animaux, est en dehors de la vérité. On ne la cherchait pas. Il existait certains types d'animaux comme ces quatre chevaux, qui n'étaient peut-être pas dépourvus d'un certain style, que l'on prenait pour modèles ou dont on s'inspirait.

Il appartenait à notre époque d'en finir avec ces conventions et de créer un art nouveau dont Barye, le premier de nos animaliers, a été l'initiateur.

Ainsi, déchus de leur rang, les chevaux de Saint-Marc n'ont plus aujourd'hui pour nous que l'importance d'un renseignement historique.

Le Palais Ducal. — Résidence des doges, Sénat, tribunal, prison, aujourd'hui musée. Souvent bâti et restauré, on en connaît l'aspect original et grandiose.

Le mur plein élevé sur les deux grandes arcades superposées autorise à penser que le plan du monument, tel que nous le voyons aujourd'hui, n'est pas dû à une conception unique. Pietro Basegio serait le premier architecte du palais; il aurait eu pour successeur un marin du nom de Calendario qui, compromis dans la conspiration de Marino Faliero, fut mis à mort.

La façade sur le môle est du XIVe siècle, celle de la Piazzetta du XVe siècle et celle du canal de la fin du XVe siècle.

Entrée par la belle porte *della Carta*. Cour intérieure : les façades sont des XIVe, XVe et XVIe siècles.

Au milieu, deux puits avec margelles de bronze d'un délicieux travail.

En face de la porte *della Carta*, le célèbre escalier des Géants (*scala dei Giganti*); sur le palier, *Mars* et *Neptune*, par Sansovino. Marino Faliero fut décapité sur un escalier de bois qui se trouvait à cet emplacement.

Par la *scala d'Oro*, je monte au premier; par la *scala dei Censori*, au second.

Salle della Bussola, ainsi nommée à cause

d'un tambour qui donne accès dans deux pièces différentes : antichambre du Conseil des Dix. A gauche de la porte d'entrée, sur le vestibule, une ouverture extérieure que couvrait autrefois une tête de lion en marbre, dans la gueule duquel on glissait les dénonciations. Cheminée dessinée par Sansovino. Au plafond, un tableau de Véronèse, une copie plutôt.

Salle du Conseil des Dix. Vastes peintures sur les murs. C'est ici que se trouvait le *Jupiter foudroyant les crimes* de Véronèse, adapté au plafond de la chambre de Louis XIV à Versailles et placé maintenant dans le grand salon carré du Louvre.

Salle des Trois Chefs : Cheminée par Sansovino. Plafond par Véronèse : l'*Ange chassant les vices*. Je m'y arrête peu. Une porte donne dans un couloir où se trouve l'escalier qui conduisait aux plombs et aux puits.

Vestibule carré : Grand plafond de Tintoret. Très fatigué. Sur les murs, peintures de Tiepolo, de Contarini, de Titien et de son fils, de Carl. Caliari, etc., etc..., tout aussi fatiguées.

Salle de l'Anticollège : Salon d'attente des ambassadeurs. De Tintoret quatre tableaux : *Ariane et Bacchus; Forges de Vulcain; Pallas chassant Mars; Mercure et les Grâces.* De Véronèse : au plafond, *Venise sur un trône,* et sur le mur, son célèbre *Enlèvement d'Europe.*

Ma déception est complète en revoyant ce tableau ! A mon sens, dans cette salle Tintoret l'emporte sur Véronèse.

SALLE DU COLLÈGE : Salle imposante. Le plafond, dessiné par l'architecte A. da Ponte à encadrements dorés, est d'une extrême richesse. Peintures de Véronèse.

Au centre, la *Foi* dans un ovale ; à une extrémité, *Neptune et Mars ;* à l'autre, *Venise* avec la *Justice* et la *Paix.* Des compartiments en camaïeu. Au-dessus du trône, grande toile : le *Christ dans une gloire,* etc., etc....

De Tintoret : *Mariage de sainte Catherine.* Ces peintures ne sont pas ce qui m'attire le plus.

C'est dans cette salle que les ambassadeurs étaient reçus.

SALLE DU SÉNAT OU PREGADI : Superbe. Dans le principe c'est dans cette salle que le doge faisait appeler, à son gré, ceux qui lui paraissaient aptes à s'occuper des affaires publiques.

Paroi du trône, Tintoret : *Déposition de croix,* etc., etc., et grisailles par Tiepolo.

En face les fenêtres, de Palma le Jeune : *le Doge Vénier devant Venise ; Allégorie de la ligue de*

Cambrai : *Venise sur un lion affronte l'Europe.*
De Tintoret : *le Doge P. Lorédan implore la
Vierge.*

Beau plafond dessiné en 1574 par C. Sorte. Au
centre, grand carré : *Venise, reine de la mer,* par
Tintoret. Dans un ovale, vers le trône : *Doge
adorant le saint sacrement* par T. Dolabella, et
vers la porte, de Marco Vecelli, l'*Hôtel de la
Monnaie,* etc., etc.

Ces peintures ne sont pas le plus grand charme
de cette magnifique salle.

Antichiesetta. — Antichambre de la chapelle
du doge. Assez insignifiante. Cependant deux tableaux de saints par Tintoret.

Chiesetta ou chapelle du Doge. — Sur l'autel,
statue charmante de la *Vierge* par Sansovino.

Sur les murs divers tableaux, notamment un
paysage par Véronèse et un *Passage de la mer
Rouge* attribué à Titien !... Franchement mauvais
tous deux.

Je redescends au premier.

Salle du Grand Conseil. — Une des plus vastes
salles de l'Europe; cinquante-quatre mètres sur
vingt-cinq de large environ. Sur les murs sont
peints les fastes de la République.

De Véronèse : *Retour du doge André Contarini après sa victoire sur les Génois en* 1380.

De Tintoret : les *Ambassadeurs devant l'Empereur à Pavie.*

D'Andrea Vicentino : l'*Assaut de Zara en* 1202.

De Palma le Jeune : la *Première Conquête de Constantinople par les Vénitiens et les Français en* 1203.

De Dom. Tintoretto : *le Fils de Tintoret;* la *Reddition de Zara.*

Par les fils de Véronèse : *le Pape et le Doge envoient des ambassadeurs à l'Empereur; Alexandre III reconnu par le doge.*

De Marco Vecelli, neveu de Titien, allégories, etc., etc.

Sur le mur d'entrée, recouvrant les restes d'une fresque de Guariento, la plus grande toile connue, représentant la *Gloire du Paradis*, par Tintoret, aidé de son fils : longueur, 25ᵐ67 sur 7ᵐ80 de hauteur. Cette immense page, endommagée d'ailleurs par les restaurations, est parfaitement ennuyeuse.

Autour de la salle règne une frise ornée de 76 portraits de doges de l'an 804 à 1559. On sait qu'à la place où aurait dû se trouver celui de Marino Faliero est un tableau noir avec l'inscription si souvent citée : *Hic est locus Marini Falieri, decapitati pro criminibus.*

Le grand intérêt de la salle du Grand Conseil est le plafond richement ornementé dont la partie centrale est occupée par trois grandes compositions capitales de l'école vénitienne.

De Palma le Jeune : *Venise couronnée par la Victoire.*

De Tintoret : *Venise au milieu des divinités.*

Et enfin de P. Véronèse : l'*Apothéose de Venise !*

Ces deux derniers tableaux, l'*Apothéose de Venise* surtout, de beaucoup supérieurs. Peints sur bois, ces panneaux se fendent. Il y aurait peut-être lieu à les mettre sur toile.

Confesserai-je ma désillusion en revoyant la plupart de toutes ces pages décoratives du palais ducal ?

Quelles que soient la grâce ou l'ordonnance de la composition, malgré l'éclat, la magie même de la couleur, ce qui leur manque !... Ah ! en quittant Rome il ne faudrait pas s'arrêter à Venise, on se souvient encore trop de ces géants qui peignirent au Vatican la Sixtine et les Stanze.

L'*Apothéose de Venise* n'en est pas moins une œuvre admirable.

Du balcon de la grande fenêtre on jouit d'une

superbe vue. Sous les pieds, le môle et le quai des Esclavons; au premier plan, le canal de Saint-Marc; à droite, Santa Maria della Salute, la Giudecca; en face, San Giorgio Maggiore; au large, les lagunes, le Lido, l'Adriatique.

Salle du Scrutin. — Salle également fort grande; c'est là qu'on votait pour l'élection des doges.

Les murs couverts de peintures relatives à l'histoire de Venise. Peintures officielles s'il en fut par Tintoret, Vicentino, Bellotti, l'Alliense, Palma le Jeune, Pordenone, etc.

L'art élevé a peu de chose à voir dans toute cette décoration.

Dans la frise, la suite des portraits des doges depuis P. Lorédan jusqu'à L. Manin.

Du balcon de la fenêtre, charmante vue sur la Piazzetta. En face, la Libreria Vecchia; à droite, de profil, Saint-Marc, la place Saint-Marc, la Loggetta et le Campanile; à gauche, les deux colonnes de granit, le môle, le grand canal.

De proportions inégales, ces deux colonnes furent transportées de l'Archipel à Venise au XIIe siècle.

L'une représente saint Georges debout sur un crocodile; l'autre, le lion ailé de Saint-Marc, bronze du XVIe siècle.

Musée archéologique : Antiques, bas-reliefs et statues, rien d'important.

Chambre degli Scarlatti (des pourpres). Nommée ainsi parce qu'on y serrait les toges écarlates. Elle fut la première chambre à coucher du doge. Encore quelques antiques, quelques-uns d'apocryphes : *Léda et le Cygne*, marbre érotique, groupe restauré ; *Ganymède enlevé par l'aigle*, marbre restauré, belle imitation d'un bronze antique ; l'*Amour à l'arc, Diane triforme*, etc., etc...

Beau plafond, doré à fond bleu, et cheminée richement sculptée.

Salle dello Scudo (de l'écusson). — Désignée ainsi parce qu'on y suspendait les armoiries du doge régnant. Célèbre mappemonde de frà Mauro ; six planches en bois, représentant le globe terrestre, par Hadji-Mehemet de Tunis (1559). Beau plafond dans le goût de celui de la salle précédente.

A la suite : salles des bas-reliefs, des bustes, etc. Antiques sans importance, mais une cheminée du XVe siècle.

Visite obligatoire aux légendaires puits (*pozzi*) des plombs ; on s'en dispense.

Les Puits. — Les puits, cachots sombres au niveau de la cour, presque à fleur d'eau.

Triste séjour sans lumière et sans air. Carmagnola, après son entrée triomphale à Venise, au lendemain de son succès, devenu suspect au conseil des Dix, y fut enfermé.

Il y subit la torture; on lui brûla la plante des pieds, et on le décapita ensuite, le 5 mai 1432, entre les deux colonnes de la Piazzetta.

Près de ces cachots, une pièce étroite où se faisaient les exécutions: par une porte basse, on livrait les cadavres aux gondoliers, qui allaient les immerger dans la lagune.

Pour remplacer les puits, on construisit en 1580 les prisons dont la façade sur le quai des Esclavons est d'un caractère élégant. Dans cette partie de l'édifice résidaient les six magistrats dits: *Signori di notte al Criminal.* On communique des prisons au palais ducal par le pont des Soupirs, que le sentimentalisme byronien a rendu célèbre.

Pont des Soupirs. — Au reste, ce canal étroit, encadré par le palais ducal, les prisons et le pont des Soupirs, est fort pittoresque, vu surtout du môle sur le pont charmant de la Paglia (la paille).

San Giorgio Maggiore. — Vis-à-vis la Piazzetta. Reconstruite par Palladio, la façade est assez appréciée.

L'intérieur en forme de croix latine. On y voit un crucifix en bois, de Michelozzo Michelozzi, élève de Donatello, figure coloriée, réalisme désagréable. Tableaux de Tintoret : la *Manne*; la *Cène*, etc... Médiocres. Belles stalles du chœur.

Deux ou trois tombeaux de doges.

Santa Maria della Salute. — Élevée en commémoration de la cessation de la peste qui décima la ville en 1630. Style de décadence. Sa coupole monumentale, surchargée d'ornements, forme cependant une belle perspective à l'entrée du grand canal.

A côté du maître-autel, très riche et d'un goût détestable, un beau candélabre en bronze, par Alessandro Bresciano.

De Titien, au plafond : *Sacrifice d'Abraham; David et Goliath; Mort d'Abel.* Trop haut placés, je les juge mal.

Dans la petite sacristie, encore de Titien : *Saint Marc et quatre Saints,* tableau estimé; de Tintoret : les *Noces de Cana.* Ce tableau me séduit par sa composition et son clair-obscur.

Santa Maria dei Frari. — Construite en 1250

par les frères mineurs de l'ordre de Saint-François;
Façade ogivale non terminée. Église très intéressante. Tombeau de personnages marquants de la
République. Entre autres : élégant mausolée du
général *Pesaro*. Deux très beaux monuments, par
A. Riccio : à droite, celui du doge *Fr. Foscari*
(1457), mort de douleur en entendant la cloche
sonner l'avènement de son successeur ; à gauche,
celui de *Nicolé Tron ;* au-dessus du soubassement, divisé en quatre ordres, dix-neuf statues.
Fort beau.

Monument du général *Michel Trevisano*. Autel
en bois, statue de *Saint Jean-Baptiste*, par Donatello. Mausolée monumental du doge *J. Pesaro*, fantaisie, maniérisme, incorrection du
XVII\ siècle.

Au Panthéon, à Rome, Raphaël n'a que son
buste au-dessus de sa tombe. Il n'en est pas ainsi
à Venise de Titien et del signore Canova.

A la place où l'on suppose que Titien a été
enseveli, on lui a élevé un monument de marbre,
qui est aussi énorme qu'incompréhensible. Il est
peuplé de statues détestables en marbre blanc. Je
passe rapidement.

Lui faisant face, exécuté d'après ses dessins,
celui de Canova d'une modestie parfaite! Une
immense pyramide gardée par des lions. D'un

côté un génie, ni homme ni femme, éteignant sa torche..., de l'autre, ce qu'on voudra... Et tout ce considérable amas de marbre pour renfermer uniquement son cœur ! Produit d'une souscription européenne; on allait bien en 1827 !

Je me réfugie dans la sacristie pour y admirer avec joie une perle : *La Vierge et des Saints*, triptyque précieux, de J. Bellin (1438).

Santi Giovanni e Paolo. — Église de style gothique italien, où avaient lieu les funérailles des doges. Sorte de Panthéon, rempli de mausolées des doges et des hommes célèbres. Monuments des trois doges *Mocenigo;* mausolée colossal des deux doges *Valier* et de la princesse *Quirini*, femme de Silvestre Valier. Monuments des doges *Michel Morosini, Léonard Lorédan, Marco Corner, Delfino, Ant. Venier, Pasq. Malipiero, Nic. Marcello,* etc., etc..., et assurément le plus remarquable de tous, celui du doge *André Vendramin,* par Aless. Leopardo.

En second lieu : le monument où est déposée la peau de Marc Antiq. Bragadino. Sa défense héroïque de Famagouste ayant coûté 50 mille hommes aux Turcs, ceux-ci l'écorchèrent vif (1571). La statue équestre en bois doré du général L. di Prato.

Tombeau de Palma le Jeune.

Tableaux peu intéressants de Tintoret, J. Palma, L. Bassano, etc., etc...

Cette église possédait deux maîtresses toiles : la *Madone*, de Jean Bellin et le *Martyre de saint Pierre*, *dominicain*, un des chefs-d'œuvre de Titien. Certaines réparations que l'on entreprenait dans l'église firent déplacer ces deux tableaux, et pour les mettre à l'abri de la poussière, on les déposa provisoirement dans la chapelle de la Vierge. Fâcheuse précaution, la chapelle prit feu, et ces deux merveilles furent brûlées.

A l'extérieur, à gauche de l'église, la *Scuola di San Marco*, aujourd'hui l'hôpital civil, charmante façade, surmontée du Lion de Saint Marc. Architecte : Mart. Lombardo (1485). A droite, l'admirable statue équestre de *Colleoni*. Voilà bien ce condottiere énergique qui, las de changer de patron, finit par se dévouer entièrement au service de la République.

Du reste, homme de prévoyance, il eut soin à sa mort de léguer à Venise une somme importante pour qu'on lui élevât un monument. And. Verocchio modela la statue, Aless. Leopardo la coula en bronze et la plaça sur son élégant piédestal en marbre, orné de six colonnes.

Ces trois monuments, réunis sur cette petite place,

entourée de bicoques et bordée par un étroit canal, forment un ensemble des plus décoratifs et des plus pittoresques de Venise.

Le Grand Canal. — Longue promenade sur le grand canal. J'arrête successivement ma gondole devant le palais Vendramin Calergi, qui appartint à la duchesse de Berry; la Ca' d'Oro, qui fut la propriété de la Taglioni; l'ancien palais Turq, magnifiquement · restauré; le pont du Rialto; la Cour d'appel, installée dans le palais Grimani; le palais Mocenigo, où demeura lord Byron, et les palais Pisani, Balbi, Foscari, Rezzonico, Dario, etc... Et avant d'arriver à la Zecca (monnaie), je passe devant les nouveaux hôtels qui se sont tous casés dans une de ces anciennes et fastueuses demeures. L'*Europe* a pris possession du palais Giustiniani, le *Britannia,* du palais Zucchelli, le *Grand Hôtel* du palais Contarini. Ils me paraissent aussi confortables que Danieli, qui occupe, lui, l'ancien palais Bernardo, du XIVe siècle.

Tous ces palais devenus auberges!...

Ce soir, à table, le service traînant en longueur, je sors impatienté avant la fin du dîner; arrivé dans le hall, j'aperçois un mouvement inaccoutumé. Danieli, ou du moins le directeur de l'hôtel à qui je donne ce nom, est en habit noir et cravate blanche; entouré d'un nombreux état-major de maîtres d'hôtel, il se tient debout à la porte donnant sur le canal. L'escalier qui conduit aux grands appartements du premier est barré; des serviteurs étrangers vont et viennent; en dehors, sur le quai, une foule compacte stationne. Et au moment où je songe à m'informer de ce qui se passe, un personnage que l'on salue avec le plus grand respect descend d'une gondole. . C'est le prince royal de Prusse!...

Le prince arrive de Munich; j'apprends qu'il vient de temps à autre à Venise... Se peut-il qu'il aime tant Venise? Ce voyage, dans les circonstances actuelles, n'a-t-il pas une signification? Comment en douter, quand, à ce même moment, M. de Moltke, à son âge, parcourt, de son côté, la frontière française de la rivière de Gênes?...

Il n'ira pas à Rome pour les fêtes du mariage; ce serait, en effet, trop significatif; mais un prince de la maison de Savoie, je ne sais lequel, viendra sous peu à Venise saluer en lui le futur empereur d'Allemagne. Tout cela n'est pas gai.

Je crois sentir la trame nouvelle que nos implacables vainqueurs tissent autour de notre malheureux pays.

Il n'y a pas à dire, la foule que je rencontre

sur le quai des Esclavons est sympathique, elle se félicite hautement de l'arrivée du prince allemand. Il me semble même ce soir que les officiers sont plus nombreux et qu'ils traînent plus fièrement leurs sabres. Allons, vive l'Allemagne! Mais, ô stupéfiants *irridentistes*, pouvez-vous penser qu'elle vous cède jamais Trieste et le Tyrol italien?

J'évite la place Saint-Marc et son horrible musique militaire, et je passe les dernières heures de la soirée à flâner dans les rues animées de la *Merceria*.

SAMEDI 28. — Ce matin le temps est de nouveau couvert, il pleuvra sûrement.

Académie des beaux-arts. — Instituée en 1807, par le gouvernement de Napoléon, l'Académie est avant tout un musée vénitien.

Dans la deuxième salle, deux toiles du plus haut intérêt: l'*Assomption,* de Titien, et le *Miracle de saint Marc,* de Tintoret, chefs-d'œuvre de ces deux maîtres. Ces tableaux, placés en face l'un de l'autre, sont aussi mal éclairés que possible, — le *Saint Marc* surtout, — par des fenêtres de côté. Mes préférences sont pour l'œuvre de Tintoret;

elle l'emporte par la verve, la fougue, l'originalité et l'éclat. Ici, l'élève est supérieur au maître.

Le mot de Michel-Ange, d'une vérité cruellement vraie, me revient à l'esprit devant cette grande page de Titien : *Quel dommage qu'à Venise on n'apprenne pas à dessiner !* On peut donc sans témérité, et autorisé d'un si grand nom, critiquer ces formes incorrectes et courtes qui donnent tant de lourdeur à tous ces personnages, et particulièrement à ceux du premier plan.

Et quant à la composition ?... La Vierge effleure de ses pieds le front des saints qui sont sur terre, et en même temps elle atteint de ses bras Dieu le Père, qui apparaît dans sa gloire au haut des cieux. Quoi!... si peu de distance entre la terre et le ciel !

Seule la Vierge est enveloppée d'un superbe manteau bleu émeraude. On a dit qu'il avait employé autant de nuances différentes de rouge qu'il avait de robes à peindre. La symphonie du rouge! Symphonie! voilà un mot dont on abuse.

La partie surprenante du tableau est un cortège de petits anges entourant la Vierge et voletant dans une intermittence merveilleuse de clairs et de demi-teintes.

Dans les salles suivantes, en première ligne, de Pâris Bordone, son superbe tableau du *Pêcheur* rapportant l'anneau du doge. Je reste longtemps à l'admirer.

De Véronèse, de nombreuses toiles. Les plus importantes, en première ligne surtout : le *Repas chez Lévi*, œuvre capitale; la *Résurrection de Lazare*; l'*Annonciation*; la *Vierge et des Saints*; le *Couronnement de la Vierge*; *Sainte Christine en prison*; *Sainte Christine refusant d'adorer les idoles*; les évangélistes, des portraits, etc., etc.

Malheureusement, la plupart de ces tableaux sont décolorés, surtout dans les ciels; accidents trop fréquents dans son œuvre. Avec quoi peignait-il donc ?

Et encore de Titien : Portrait de *Priamo da Lezze*; *Saint Jean-Baptiste dans le désert*; la *Présentation au temple*, œuvre de sa jeunesse, où il a représenté sa vieille mère au premier plan.

De Carpaccio : la *Présentation de l'Enfant Jésus au vieux Siméon*; excellent; la *Guérison d'un possédé*, et surtout la suite des dix tableaux de l'histoire de sainte Ursule. Malheureusement l'état de conservation de ces tableaux n'est pas parfait, et certains ont été mal restaurés. Mais quel peintre naïf, ingénieux et charmant que ce Carpaccio !

Le Bassan : *Adoration des bergers*.

Mantegna : *Saint Georges*.

Bonifazzio : Deux très bons tableaux : le *Sau-*

veur sur son trône; David et plusieurs saints.

Pordenone : la *Vierge du Carmel* et des saints.

Rocco Marconi : Très belle *Descente de croix.*

Jean Bellin : *Madone et saints;* la *Vierge,* l'*Enfant Jésus, sainte Catherine et sainte Madeleine.*

Gentile Bellin : *Miracle de la sainte Croix; Procession sur la place Saint-Marc.* Très-curieux tableau, montrant la place au moment où elle venait d'être terminée en 1496.

Antonello de Messine : l'*Addolorata* et une autre tête...

Que de tableaux encore à citer de Tintoret, Palma le Vieux, Palma le Jeune, Giorgione, Carletto Caliari, le fils de Véronèse, etc., etc.!

J'ai le regret de ne pas voir la salle des dessins originaux des maîtres italiens; elle est fermée. Ici, paraît-il, on conserve dans une urne la main droite de Canova. Encore!... Décidément on en a mis partout : ici, sa main; plus loin, son cœur; autre part, le reste...

La Fenice. — La fantaisie me prend d'aller visiter la *Fenice* (le Phénix). On y arrive par terre et par eau, les dégagements sont bien compris. Sa décoration intérieure et sa forme m'ont paru plus heureuses qu'à *San Carlo.*

Au parterre, les spectateurs sont debout. Ce qu'on en entasse à raison de 3 francs!... Les malheureux!... La salle entière peut contenir près de 3,000 personnes. On met encore bien plus de sardines dans une barrique.

La *Fenice* ne s'ouvre que deux mois d'hiver et pendant le carnaval. On la loue aux troupes de passage. Ainsi, la compagnie allemande, que j'ai rencontrée à Bologne, y avait donné avec succès sa tétralogie des *Niebelungen*.

L'Arsenal. — Il est convenu que l'on doit visiter l'arsenal. Porte d'entrée du XVe siècle que d'aucuns admirent; là, quatre lions informes en marbre pentélique provenant d'Athènes.

Cet arsenal est peu intéressant. Au premier, un petit musée de marine; quelques modèles de navires et de vieilles galères, entre autres, le modèle du Bucentaure que Napoléon fit détruire.

Au second, un certain nombre d'armures et d'armes vénitiennes.

L'armure équestre du célèbre condottiere Gattamalata et l'armure de Henri IV, qui en fit présent à la République.

Petits canons et arquebuses revolvers du XVe et du XVIe siècle; un revolver à six canons de fusil pour mitrailler les galériens à bord des galères en cas de révolte; il y en avait deux à l'avant et deux à l'arrière.

Curieux et élégant appareil en cuivre en forme de brasero, avec couvercle à jour, pour allumer instantanément trois cents mèches de canon ou d'arquebuse au moment du branle-bas de combat. Instrument de torture; ceintures de chasteté, etc., etc...

Les étendards turcs pris à Lépante.

Jardins publics. — Établis par Napoléon, en 1807, sur l'emplacement d'églises et de couvents démolis, et situés à l'extrême point sud de la ville, sur la mer, le long du canal de Saint-Marc et en face du canal Orfano. Belle situation. Arbres de moyenne venue. Mais, encore une fois, que la végétation est peu avancée! Je m'y serais volontiers promené plus longtemps; la pluie et le vent m'en chassent. Pour me consoler, mes gondoliers me disent qu'il fera certainement beau à la nouvelle lune, dans huit jours. Ils croient à la lune... Dans huit jours?... C'est un peu long.

Je retourne à Saint-Marc. J'y fais une longue station. Saint-Marc me captive.

En sortant, je me heurte à une foule compacte rangée autour du Campanile. La circulation est interrompue. Je m'approche avec peine et je vois, installés dans la *loggetta* de Sansovino, les agents du fisc avec leur machine à tirage. On tourne la manivelle, un enfant, les yeux bandés, tire les numéros. On les proclame. Ils causent quelque désappointement autour de moi. On enferme avec soin la machine dans la loggetta.

Puis la foule se disperse silencieusement. Ici, la loterie remplace nos courses, et les agents du fisc les bookmakers. Est-ce plus moral?

Je rentre. O surprise!... Danieli m'apparaît en habit noir et cravate blanche... Tout est de nouveau sens dessus dessous dans l'hôtel... On va, on vient... De nombreux curieux sont rangés le long du quai; un yacht à vapeur, avec drapeau grec, a stoppé devant l'hôtel... Un prince?... Oui, encore un prince... Le prince héritier de Danemark qui arrive d'Athènes, ramené à Venise par les soins de son frère le roi de Grèce. Des marins grecs débarquent ses bagages. Tout le hall de l'hôtel en est encombré. Le soir, on annonce plus que jamais la venue à Venise d'un représentant du roi après les fêtes de Rome.

Quant à Danieli, il ne nous connaît plus, il est triomphant.

La pluie persiste. Des sérénades en barques éclairées par des lanternes, naturellement vénitiennes, qui devaient avoir lieu ce soir sur le grand canal, sont contremandées et remises à demain. Mais demain il pleuvra encore.

DIMANCHE 29. — Le matin on sonne volontiers les cloches à Venise, mais le dimanche c'est un carillon incessant.

Entendu une fin de messe à Saint-Marc, à la chapelle de la Vierge, qui, à toute heure de la journée, ne cesse pas d'avoir de nombreux fervents.

Dernière visite au palais ducal; je ne me lasse pas de le parcourir. Retrouvé dans la salle des Pregadi le célèbre tableau de Titien, la madone de la famille Pesaro, connu sous le nom de *Pala del Pesaro,* et dont j'avais oublié de parler.

Commandé à Titien par Pesaro, ce tableau représente *la Vierge, l'Enfant Jésus, saint Pierre, saint Antoine de Padoue et la famille Pesaro à genoux, à droite.*

Il était dans l'église dei Frari, exposé sous un mauvais jour. Pour le montrer aux visiteurs, les *custodi,* suivant cet usage stupide si commun en Italie, promenaient au bout d'un bâton leurs cierges allumés à sa surface. Il avait donc été enfumé et très endommagé. On vient de le res-

!aurer. Va-t-on le renvoyer prendre sa place aux Frari pour l'exposer derechef aux mêmes dangers? Œuvre de premier ordre, égale, sinon supérieure, à l'*Assomption*.

Le Lido. — J'avais demandé ma gondole pour aller au Lido, l'incertitude du temps me fait hésiter, mes gondoliers insistent, je cède.

Le soleil prend le dessus et j'ai un temps charmant. Je salue l'Adriatique.

Il y a maintenant au Lido un établissement de bains de mer fort convenable et plusieurs hôtels. On peut déjeuner et dîner agréablement sur la terrasse des bains. On y établit pour la saison prochaine un tramway qui partira de l'embarcadère du bateau.

Tout se transforme. Le Lido n'est plus la vulgaire digue de sable où galopait lord Byron.

De retour à cinq heures, j'entre une dernière fois à Saint-Marc. Je l'ai déjà dit, cette heure est la bonne; le soleil couchant, pénétrant par la grande rosace, éclaire toutes les parties de l'édifice. J'y reste jusqu'à la nuit dans une véritable contemplation. Je ne trouverai pas demain ces mêmes impressions à la cathédrale de Milan.

Le soir, grande animation sur la place et la piazzetta. Sur la place toujours cette même détestable musique militaire. Sur la piazzetta, on attend la sérénade promise. La grande barque chargée de lanternes, qui porte les musiciens, s'arrête d'abord devant Danieli. Il fait nuit noire.

L'aviso grec et un bateau anglais allument des feux électriques et les dirigent sur les balcons où se tiennent les princes. J'imagine qu'ils en sont aveuglés. On se tait, on prête l'oreille, nous ne percevons que de vagues accords; l'orchestre de la barque est insuffisant. L'effet est manqué. Mais les gondoles qui précèdent ou suivent la barque lorsqu'elle s'avance dans le Grand Canal, lui font un cortège calme et mystérieux; chacune d'elles porte sa petite lanterne à l'avant, on dirait des lucioles glissant sur l'eau. On comprend ce que dans un tel milieu peuvent être des fêtes *vénitiennes* bien organisées.

MILAN

LUNDI 3o. — Dès l'aube, Venise est enveloppée d'un épais brouillard. C'est encore de la
pluie pour la journée. Je pars ; mes gondoliers
me font repasser devant la piazzetta. Le soleil a
pris alors de la force, il commence à percer le
brouillard, et le palais ducal et le Grand Canal
s'éclairent de reflets gris et argentés.

Milan. — Arrivé à Milan à quatre heures.
La place élargie, régularisée et isolant entièrement le Dôme, les voies nouvelles, la galerie
Victor-Emmanuel, etc., etc.... ont transformé
Milan.
Tout un côté de la place est bordé d'arcades
très élevées ; l'air et le jour pénètrent à flots dans
les magasins ; beau pavé, larges trottoirs, etc...
notre rue de Rivoli est éclipsée par ces belles dispositions.
La galerie Victor-Emmanuel, immense passage

vitré formant croix, avec une haute coupole en fer au milieu, bordée de cafés, de magasins de toute sorte, aussi clairs et aussi aérés que ceux des arcades, est une promenade couverte de toute beauté comme le besoin s'en fait tant sentir pendant l'hiver à Paris.

Nos passages étroits, obscurs et mal tenus ne peuvent en aucune façon rivaliser avec cette grandiose galerie. Le soir, les magasins, les orchestres des cafés y attirent de nombreux promeneurs, et elle devient, ainsi que les arcades, un agréable lieu de rendez-vous.

La Cathédrale. — La grande cathédrale de marbre est aujourd'hui mise en valeur par ce magnifique cadre.

Jadis elle étouffait dans sa ceinture de maisons, elle gagne singulièrement à en être débarrassée.

On a maintenant tout le recul nécessaire pour la contempler sous toutes ses faces, et l'œil plonge avec étonnement dans ce fouillis d'arcs, de contreforts et de clochetons surmontés chacun d'une statue.

Il n'est pas jusqu'à ces nombreux fils de paratonnerre, allant d'un sommet à l'autre, qui ne donnent à l'ensemble un aspect plus aérien.

On évalue à six mille le nombre de ses statues, tant à l'extérieur qu'à l'intérieur.

On ignore le nom de l'auteur du dessin primitif de cet étrange édifice, bien qu'il ait été commencé d'après les ordres de J. Galéas Visconti en 1386. On en est réduit aux conjectures.

De nombreux architectes y travaillèrent par la suite. Son style incohérent l'a fait comparer à un énorme colifichet en sucre.

Il y a dans cette critique sévère un fond de vérité.

La façade, sorte de pignon plat, me déplaît particulièrement avec cette disparate qu'offre la renaissance se greffant sur le gothique.

Cependant à l'intérieur les vastes proportions du plan, l'élévation considérable des voûtes, la profondeur des nefs collatérales, la lumière mystérieuse tombant des hautes fenêtres du transept produisent un effet puissant.

Quand je sors, la nuit arrive. Le temps a jauni les soubassements de l'édifice, mais les parties supérieures ont gardé une blancheur immaculée ; à la lueur indécise du crépuscule, on les croirait couvertes d'un léger manteau de neige, tandis que les clochetons semblent se dresser vers le ciel comme autant d'aiguilles de glace.

MARDI 1ᵉʳ MAI. — Et la pluie, une pluie battante!

Brera.— Musée Brera dans le palais de ce nom.

La cour entourée d'un beau portique; au milieu assez bonne statue de bronze de *Napoléon,* absolument nu, tenant d'une main le sceptre, et de l'autre, une victoire ailée, par Canova. Le cou est court. Le buste en marbre que l'on voit au Pitti, à Florence, est, je l'ai déjà dit, une reproduction de la tête de cette statue. Quant à la ressemblance..., trop vieux pour Bonaparte, trop jeune pour Napoléon.

La galerie, commencée en 1805, est composée de tableaux provenant des églises et des couvents supprimés.

A l'entrée, de nombreuses fresques de l'école lombarde. Les plus remarquables sont de Bernardino Luini; les autres, de Marco d'Oggiono, Bramantino, Ferrari, Lanini et du plus ancien de ces peintres Vicenzo Foppa.

Dans la galerie :

Deux Titiens: *Un Saint Jérôme* et une *Tête de vieillard*.

Plusieurs Véronèses poussés au noir, hélas! et surtout décolorés.

Salvator Rosa : *Saint Paul* ermite.

Tintoret : une *Mise au tombeau*.

Deux Subleyras; Guaspre Poussin : *Saint Jean-Baptiste, enfant, dans le désert*.

Bonifazio : *Moïse sauvé des eaux*, très bon — quoique très fantaisiste.

Francisco Albani : une *Ronde d'amours*, charmant tableau.

Luca Giordano : *La Vierge, l'Enfant et des Saints*.

Dominiquin : *La Vierge, l'Enfant, Saints et Anges*.

Ferrari : *Sainte Catherine*.

Marco d'Oggiono : *Saint Michel archange, Madone et Saints*.

Guerchin : *Abraham chassant Agar*, très surfait, etc., etc...

La salle n° 5. Sorte de petite tribune, bien éclairée, bien aménagée, ne contenant qu'une vingtaine de tableaux de chevalet, mais la plupart d'un choix remarquable. Un *Christ flagellé*, par Luca Signorelli.

La Vierge et l'Enfant, de Cesare de Sarto.

Évêques et saints de Mantegna.

La Vierge et l'Enfant de Bernardino Luini.

Les Tireurs d'arc, dessin de Raphaël.

Tête de Christ, de Léonard de Vinci, étude pour son Christ de la *Cène*.

Un christ en raccourci grisaille de Mantegna.

Deux saints de Gentile de Fabiano, etc...

Et enfin le *Sposalizio* de Raphaël, œuvre adorable de sa vingtième année et en parfait état de conservation. Que ce tableau soit ou non une copie presque servile d'un tableau de Pérugin, il n'en est pas moins une œuvre de premier ordre.

Bibliothèque ambroisienne. — Au rez-de-chaussée, la salle des manuscrits : un Virgile, copié et annoté de la main de Pétrarque, orné d'une miniature de Simone Memmi ; un manuscrit de Léonard de Vinci, dessins d'architecte ; fragments de l'*Iliade* avec miniatures remontant au IVe siècle ; une traduction latine de Josèphe sur papyrus à laquelle on attribue douze cents ans d'antiquité ; un Coran, manuscrit microscopique sur des feuilles qui n'ont que quelques centimètres carrés de surface ; des manuscrits et des palimpsestes par milliers... ; enfin les lettres de Lucrèce Borgia au cardinal Bembo et la fameuse mèche de ses cheveux blonds. Elle les avait envoyés au cardinal avec une épître qui n'était rien moins que platonique.

A côté, les salles *dell' Incoronazione*. Collection de gravures et la grande fresque de Luini : *Jésus couronné d'épines*. Un des insulteurs offre une étonnante ressemblance avec feu Victor - Emmanuel.

Tout ce rez-de-chaussée est humide et mal aéré; il ne nous paraît pas que ces précieux manuscrits y soient dans de bonnes conditions de conservation.

Au premier, une collection de dessins de Giotto, Luini, Léonard de Vinci, Carrache et le carton de l'École d'Athènes de Raphaël. Mal éclairé, mal disposé, ce précieux document n'occupe pas une place digne de lui.

Santa Maria delle Grazie. — Église insignifiante. La coupole, mal ornée, mais belle de forme, et la sacristie, sont de Bramante. Dans l'ancien réfectoire du couvent, ce qui reste de la *Cène* de Léonard! Avec beaucoup de peine, on arrive à se faire une idée de ce qu'elle fut. Sont-ce les outrages du temps ou les restaurations malencontreuses qui l'ont le plus endommagée? Hélas!

La pluie persistant, je me vois forcé de parcourir la ville en voiture fermée.

Le foro Bonaparte. — Le *Castello*, ancienne forteresse; le carré intérieur formait le palais des Visconti et des Sforza, aujourd'hui une caserne.

La place d'armes, une des plus vastes de l'Italie. A l'entour, grandes voies, belles plantations d'arbres.

Les Arènes. — A droite de la place d'armes, les Arènes. Construit sous la domination française en 1805, ce monument des Arènes est remarquable.

Le grand axe de l'ellipse mesure 326 mètres, le petit 152. Trente mille spectateurs peuvent y prendre place. On y fait de tout suivant la saison : Courses de chevaux, courses de chars antiques, tir au pigeon... On peut même inonder la piste l'été pour y organiser des joutes, et l'hiver pour y patiner. Ah ! on ne s'ennuie pas à Milan.

Porta Sempione. — La *porta Sempione* avec l'arc de triomphe, surmonté de la statue de la Paix dans un char à six chevaux. Commencé en 1807, cet arc devait célébrer les fastes napoléoniens ; puis il fut consacré à l'empereur d'Autriche, et enfin il a reçu, depuis les événements de 1859, l'inscription : *Entrando coll' armi gloriose Napoleone III e Vittorio Emmanuele II liberatori,* etc., etc...

La fantaisie me prend d'aller visiter la Scala.

Sur la place, monument de Léonard de Vinci, élevé en 1872.

La Scala. — La Scala serait le plus vaste théâtre de l'Italie. D'après une brochure que l'on m'offre à la porte, il pourrait contenir près de 4,000 personnes!... C'est excessif. Il est vrai qu'au parterre les spectateurs sont debout comme à la Fenice. Je le visite en détail, il est bien aménagé.

Une innovation, avec tant d'autres, que M. Garnier n'a point su introduire en France : chaque loge, à tous les étages, possède de l'autre côté du couloir un petit salon. On y peut, sans gêner personne, recevoir ses amis ou fuir le spectacle quand il vous ennuie.

Le théâtre va être entièrement éclairé avec la lampe Eddison.

A ce moment 150 musiciens, pardon — professori, — sous la conduite de Faccio, répètent une suite d'orchestre pour quatre grands concerts qui sont annoncés à Milan à l'occasion de je ne sais quel festival. On attend même Verdi.

J'écoute assez longtemps, et je regarde Faccio conduisant son orchestre. Il m'intéresse. Mais quelle satanée musique fait-il jouer à son monde? C'est à fuir, et c'est ce que je fais.

Seconde et plus complète visite à la cathédrale.

La Cathédrale.—Deux ambons de bronze doré, autour de deux des piliers qui supportent la coupole, reposant sur des cariatides colossales de Brambilla, et représentant les quatre évangélistes et les quatre docteurs de la foi.

Transept de droite : Beau mausolée de Jacques de Médicis dont le dessin est attribué à Michel-Ange.

Les statues en bronze sont de Leone Leoni.

Chapelle de la Présentation : Retable de Bambaja ; à côté, statue remarquable de *Barthélemy écorché*, par Marcus.

Transept de gauche : Grand candélabre en bronze à sept branches, belle ciselure, et nommé Arbre de la Vierge. Pourquoi?...

Sur le pavé une méridienne tracée en 1786 par les astronomes Brera.

Je me décide avec une certaine répugnance, car je ne sais quel triste spectacle m'y attend, à descendre dans la confession de saint Charles - Borromée. Cette chapelle souterraine, qui a dû coûter un prix fou, est ornée de bas-reliefs en argent!!... Le sacristain, moyennant une assez forte rétribution, met un surplis, allume des cierges et découvre la châsse du saint. Elle est aussi en argent, les moulures en vermeil et les panneaux en cristal de roche, dit-on! On voit donc de près le corps du défunt, ou plutôt sa triste momie, revêtu de riches habits pontificaux. Rien n'y manque : crosse, mitre, croix pectorale, anneau, etc..., et des bijoux de toute sorte, dons de têtes couronnées, entre autres une magnifique croix d'émeraudes.

Le contraste est navrant entre toute cette bijouterie et ces restes humains qui se décomposent de plus en plus... J'en fais l'observation au sacristain, qui me répond très philosophiquement : « En effet, depuis le temps dont vous parlez, le nez du saint est tombé... »- Hideux...

Et il pleut encore toute la soirée !... Complètement découragé par ce temps implacable, et d'ailleurs fatigué du voyage, je renonce à aller à Gênes, que j'ai revu il y a peu de temps, et je prends le parti de rentrer à Paris en passant par Turin.

TURIN

MERCREDI 2 MAI. — Je pars par le premier train, et j'arrive à midi à Turin.

Je ne connaissais pas Turin. Le soleil daigne nous sourire un instant; la chaîne des Alpes dessine ses pics neigeux sur le ciel bleu. C'est charmant. Malheureusement le temps se couvre de nouveau...

Descendu au grand hôtel de l'Europe, place du Château, je m'y trouve bien. A table, on me sert, avec le pain ordinaire, ce pain particulier que l'on fait seulement à Turin, consistant en longues baguettes très minces, appelées des *grissini*. Je le trouve excellent. Voilà une importation à faire à Paris.

Les fortifications et la citadelle qui défendaient Turin furent détruites en 1818 et remplacées par de grandes et belles promenades qui lui faisaient une couronne de verdure.

Mais depuis les événements qui ont transformé

l'Italie, aucune ville ne s'est peut-être autant embellie et agrandie.

Dépassant les limites des anciennes fortifications, de nouveaux quartiers se sont créés et continuent à s'étendre au nord-est jusqu'à la Doire, au sud-ouest au delà de Valentino. Un peu plus modeste que le hâbleur marseillais, l'habitant de Turin se contente de dire que si Turin n'avait pas dû céder à Rome l'honneur d'être ville capitale il serait un second Paris.

Je ne suis pas de l'avis de ceux qui trouvent que les rues, se coupant presque toutes à angle droit, lui donnent un aspect monotone. Avec ses belles places, ses larges avenues, au milieu d'une plaine fertile, au pied des Alpes, baigné par la Doire et le Pô, Turin me plaît.

Sa prospérité est sérieuse. On y sent peut-être encore plus que dans les autres parties de l'Italie que nous venons de parcourir l'effort d'une nation qui se relève. Si, à notre point de vue personnel et étroit de Français, nous avons commis l'imprudence de contribuer à la résurrection de nos voisins, il serait téméraire aujourd'hui de vouloir les empêcher de prendre au soleil la large place à laquelle ils ont droit.

C'est le Piémont qui a toujours tenu ferme et haut le drapeau des revendications nationales.

Tandis que toute l'Italie était plus ou moins sous la domination étrangère, seul libre, ce vaillant petit peuple se préparait aux luttes de l'avenir. Il ne cessait de travailler à son instruction politique et militaire; son histoire, il l'écrivait sur toutes ses places publiques, où princes du sang, savants et simples ouvriers ont leurs statues.

Quand l'heure sonna, il se trouva prêt. S'il nous hait aujourd'hui, qu'importe!

Le percement du mont Cenis a particulièrement contribué ces dernières années au développement commercial et industriel du pays. Mais, à son tour, l'ouverture récente du tunnel du Saint-Gothard lui a porté un coup sensible. L'exploitation de la ligne du Saint-Gothard étant très dispendieuse en tout temps, et surtout en hiver, il serait facile à la Compagnie Paris-Lyon-Méditerranée de lui faire concurrence par des trains plus rapides et un abaissement de tarif.

Turin attend aussi de grands avantages du chemin de fer qui le mettra en communication directe avec Nice. En ce moment, on y prépare une grande exposition pour l'année prochaine.

Musée. — *Accademia delle Scienze.* — Au rez-de-chaussée, le musée égyptien et la galerie des antiquités gréco-romaines.

On dit le musée égyptien fort beau ; je me dispense de le voir, et quant aux antiquités grécoromaines, j'en ai assez.

La salle XIII est la plus complète; là sont les meilleurs tableaux.

D'abord la *Madonna della Tenda* (Vierge au Voile) de Raphaël. Est-ce bien un Raphaël ? Tout au plus une répétition ou une copie! composition sans grâce et sans esprit et peinture sèche et dure.

Van Dyck : le portrait équestre de *Thomas de Savoie*, grandeur naturelle ; *Sainte Famille*.

Mantegna : *La Vierge, l'Enfant et Saints*.

Memling : Toutes les scènes de la Passion ; très curieux tableau.

Deux Téniers : Une tête de *Rembrandt*.

Un important Wouwerman : *Bataille de la Bicoque;* un très intéressant Botticelli (Sandro) : *le Triomphe de la chasteté*. La chasteté est sur un char traîné par deux licornes, l'Amour est attaché devant elle.

Paul Potter : Quatre vaches. Passons.

Vélasquez : Une tête.

Dans les autres salles :

Véronèse : *Moïse sauvé des eaux;* la *Reine de Saba ; Madeleine parfumant les pieds du Christ;* le meilleur. Mais, hélas! ces trois tableaux, comme tant de Véronèses, ont perdu de leur coloration.

Une *Danaé*, mouvement charmant, elle se cache sous un rideau.

Titien : Portrait de *Paul III ; Disciples d'Emmaüs*.

Rubens : *Sainte Famille*.

Van Dyck : *Enfants et Charles I*er ; un beau portrait de religieuse.

Poussin : Un paysage.

. Claude Lorrain : Deux tableaux, *Coucher de soleil* et l'*Aurore*.

Et des Berghem, des van der Werf, des Miéris, des Gérard Dow..., etc.

Cette nouvelle et rapide visite des principales galeries d'Italie terminée, j'admire de plus en plus ces précurseurs du XVe et du commencement du XVIe siècle : Masaccio, Antonello de Messine, Domenico Ghirlandajo, Carpaccio, Gentile Bellin, Mantegna, les deux Lippi, etc., et surtout ce triumvirat fameux Jean Bellin, Pérugin, Francia.

Dominés seulement par ces quelques hommes de génie, formés à leur école, qui surent donner à la Renaissance son plus merveilleux essor, à leur tour, ils l'emportent sans conteste sur les élèves et les nombreux successeurs de ces mêmes grands maîtres par la sincérité, la candeur, la sérénité.

Galerie des armures (Armeria reale). Belle collection d'armures et d'armes. J'y suis peu compétent.

Dans la grande galerie, deux lignes de chevaliers avec armures damasquinées.

Entre autres, celles d'Emmanuel Philibert, les armes du prince Eugène, 1706, et l'épée que Napoléon portait à Marengo. Armes à feu de différentes époques; les anciens drapeaux et étendards de l'armée piémontaise. Un médaillier important; une aigle romaine avec le S. P. Q. R.

San Giovanni est attenant au Palais-Royal; peu intéressant. Derrière et très au-dessus du maître-autel, c'est-à-dire à la hauteur du premier étage du palais, la chapelle du *San Sudario* (Saint-Suaire). Rotonde environnée de colonnes de marbre noir poli, avec bases et chapiteaux de bronze doré supportant la coupole, qui se compose d'une série d'arceaux hexagones superposés les uns aux autres de façon à produire des ouvertures triangulaires. L'autel de marbre noir porte une châsse d'argent, qui renferme le saint suaire. Il existe plusieurs saints suaires de par le monde. Lequel est le vrai? Le pavé est en marbre bleuâtre incrusté d'étoiles d'or.

Architecture bizarre où l'art pur n'a pas grand chose à voir, mais d'une tristesse imposante. Si l'architecte, le P. Guarini, de l'ordre des Théatins, a cherché ce but, il l'a amplement atteint.

En 1842, le roi Charles-Albert a fait élever contre les murs, entre les colonnes, les monuments en marbre blanc d'Amédée VIII, d'Emmanuel-Philibert, du prince Thomas de Carignan, de Charles-Emmanuel.

Les grandes taches blanches de ces monuments contrastent heureusement sur ce fond lugubre.

Palais-Royal. — De cette chapelle, je passe dans les appartements du roi, que, sans cela, je n'eusse certainement pas visités.

Il y a cependant un certain intérêt à parcourir ce palais où a été conçue et préparée l'émancipation de l'Italie. Que de déceptions et d'angoisses avant le triomphe définitif! Aujourd'hui, le souverain est parti et n'y revient plus.

Tous les appartements sont surchargés d'ornements et de dorures. C'est laid, franchement laid.

C'est à Turin que les nouveaux mariés, le duc de Gênes et la princesse Isabelle, résideront. Les fêtes de Rome terminées, ils doivent inaugurer leur installation au palais par de brillantes réceptions. Tous les préparatifs touchent à leur fin.

Places et Statues. — Les statues des places publiques sont une des curiosités de Turin.

Place Carlo Alberto. Monument en bronze du roi *Charles-Albert*, — le glorieux vaincu, — par Marochetti. Fort médiocre.

Place Carlo Emmanuele II. Monument de *Cavour*, — l'infortuné vainqueur, celui-là, — par Dupré. Vaste composition de marbre, chef-d'œuvre de confiserie.

Square et monument de *Massimo d'Azeglio*, peintre, romancier, homme d'État, un des soldats de l'indépendance.

Place et statue de Lagrange. Né à Turin, il est vrai, mais de parents français.

Place et statue de Paleocapa. Ingénieur hydrographe et homme d'État.

Place de l'Hôtel-de-ville. Monument fort mauvais d'*Amédée VI*, un des héros de la *Maison de Savoie*, grand batailleur et exterminateur d'ennemis, surnommé *il Comte verde*, à cause de la couleur de sa livrée.

Place Carignan. Statue de l'abbé philosophe *Vincenzo Gioberti*. Ce précurseur de l'indépendance italienne, qui ne croyait pas au pape, mais qui disait la messe, et qui, après avoir vu en Mazzini un homme providentiel, le mettait plus bas que terre, avait pour nous une haine féroce.

On sait qu'il est l'auteur des aphorismes suivants :

« En France, pour avoir du génie, il faut être
« vil, cupide, bavard, traître, etc., etc... »

— « Je crains plus les Français amis que les
« Tudesques ennemis. »

— « Je voudrais que la République tombât sur
« les Français pour le mal qu'ils ont fait au
« monde. »

Qu'il soit satisfait, ce grand Turinois; aujour-
d'hui ses compatriotes nous haïssent, et nous avons
la République.

Place San Carlo. Statue équestre en bronze, par
Marochetti, d'*Emmanuel-Philibert*, notre vainqueur à Saint-Quentin. Le héros est représenté
en cuirasse et remettant son épée au fourreau.
Statue bien connue et justement appréciée, la seule
remarquable de... la collection.

Place Solferino. Monument du *Duc de Gênes*.
Le cheval est tué, le cavalier reste debout... c'est
le fort de la bataille ! Scène de cirque, on demande
la musique.

Place Pietro Micca. Statue du mineur *Micca*
qui, en 1706, se fit sauter avec la citadelle à l'approche des Français. — Insignifiante.

Devant la façade du palais, monument élevé
par les Milanais à l'armée sarde. Détestable. Porte-
drapeau, par Vela; sur le socle, en bas-relief,
Victor-Emmanuel à cheval.

Place dello Statuto. Monument commémoratif de l'ouverture du tunnel du mont Cenis. Un comble!... Il n'y manque qu'une horloge, un petit chemin de fer et un moulin à vent!

Assez... et je dois en oublier.

L'Oiselier. — A ce moment, j'aperçois une bande d'oiseaux qui volent autour de la place; il y en a de bleus, de rouges, de verts, de jaunes.... de toutes les couleurs.

Un petit homme qui conduit une voiture à âne, sur laquelle se trouve une grande cage, pousse de temps à autre un cri rauque. A chacun de ces cris, la bande obéit et évolue dans toutes les directions. Je regarde attentivement, et je reconnais que ces oiseaux sont tout bonnement des pigeons teints. Rien n'était plus drôle que le bariolage de ces pauvres bêtes. Le petit homme s'approche et jette dans ma voiture une poignée de grains.

La bande accourt et m'enveloppe; j'en ai sur les épaules, sur la tête, sur tout le corps. Je veux m'en débarrasser, impossible. Ils sont aussi familiers que gourmands. Je suis couvert de grains ; ils ne me quitteront que lorsqu'ils l'auront entièrement picoré. Les passants rient; ma foi, je fais comme eux. Puis un nouveau cri les fait partir, un autre les ramène. A mon tour, je prends le sac de grain du petit homme, et je m'amuse un moment à leur en donner à pleines mains.

Jardins publics. — Le jardin du *Palais-Royal* peu intéressant, contigu au palais, et, dit-on, dessiné par Le Nôtre.

Le jardin public ou *Dei Ripari* (remparts).

Il y a encore de ce côté un nombre respectable de statues... Toujours des grands hommes ! A citer celle d'un personnage en marbre, tenant d'une main un livre et de l'autre... une paire de lunettes ! Et pourquoi pas ? Il vaut encore mieux que ce grand homme les ait à la main que sur le nez.

Le jardin botanique. Je ne le visite pas.

Valentino. Ancienne maison de plaisance, construite par Christine de France, veuve de Victor Amédée Ier, et fille de Henri IV et de Marie de Médicis. Servant aujourd'hui à je ne sais plus quoi. Belle vue sur le Pô.

C'est dans ce quartier que l'on construit les pavillons de la grande exposition qui doit avoir lieu l'année prochaine.

Je rentre ; la nuit arrive, tout annonce la pluie.

On n'aperçoit plus les Alpes ; la Superga elle-même est perdue dans la brume.

Pourrai-je y monter demain ? Ce n'est guère

probable. Je le regretterai, car on y jouit d'une vue superbe. La plaine est entourée par ce vaste cirque que forme la chaîne depuis le Viso jusqu'au mont Rose ; et à gauche se dressent la pyramide du mont Cervin et les glaciers du Grand-Paradis.

———

JEUDI 3 MAI. — Ce que je prévoyais ! Il pleut toute la nuit.

Au matin, impossibilité de sortir. Je renonce à la Superga et je me décide à rentrer à Paris par le train d'une heure.

Vers midi, le ciel s'est éclairci et nous avons de temps en temps quelques rayons de soleil qui égayent ce passage des Alpes.

Les montagnes sont couvertes de neige.

Nous laissons à droite, à 6 lieues environ, le mont Cenis que nous voyons très bien avec ses neiges et ses glaciers, et nous arrivons au col de Fréjus, sous lequel passe le tunnel. (Altitude : 1,290 mètres.)

La traversée n'a rien de pénible. En moins de trois quarts d'heure, on atteint Modane.

A la sortie, spectacle aussi intéressant qu'à l'entrée.

Je voyage avec deux Américaines : l'institutrice

et son élève... Quel aplomb!... Arrivé bien avant
elles, j'avais fait choix d'une place de coupé-lit.
J'allais et venais, en attendant le départ, quand je
les vis qui déménageaient elles-mêmes mon bagage
et le déposaient simplement sur le quai. Avec une
politesse aussi britannique que la leur, je repris
possession de ma place et expulsai à mon tour
leurs manteaux. Ce petit acte d'hostilité ne les
troubla pas, et elles montèrent quand même dans
mon compartiment.

En route, leur sans-gêne et leur impertinence
ne se démentent pas. Je réponds trait pour trait.
Tout cela sans l'apparence de colère chez elles,
ni chez moi non plus, car au fond cette lutte
m'amuse...

Arrivé à Paris le 4 mai au matin. Et il pleut...
Il pleut ici comme là-bas!

FIN